La bataille du pouvoir d'achat

Comment la gagner

Groupe Eyrolles
61, bd Saint-Germain
75240 Paris cedex 05

www.editions-eyrolles.com

© Groupe Eyrolles, 2008
ISBN : 978-2-212-54213-4

Pascal PERRI

La bataille du pouvoir d'achat

Comment la gagner

EYROLLES

Sommaire

Introduction

En 2007, pour être élu président de la République, Nicolas Sarkozy a utilisé l'arme nucléaire du politique en se présentant *erga omnes*, à l'égard de tous, comme le candidat du pouvoir d'achat. Les promesses de campagne n'engagent que ceux qui les écoutent. Mais elles sont aussi, qu'on le veuille ou non, les engagements d'un président élu pour 5 ans. Et 5 ans, c'est long, surtout pour ceux qui attendent. Pour les Français, qui détestent l'économie mais qui adorent consommer, les promesses de Nicolas Sarkozy ont fait la différence. Elles ont contribué très nettement à son succès face à une candidate en panne d'identité politique claire. Aujourd'hui à l'Élysée, le nouveau président, bien en peine de tenir ses engagements, se tourne vers les entreprises et leur demande de distribuer du cash aux salariés. Du cash pour consommer plus. Il promet qu'il fera la même chose avec l'État, dont on oublie parfois qu'il est le premier employeur de France et le premier centre de coût dans le budget des ménages. Présentée aussi simplement, la logique politique de Nicolas Sarkozy semble imparable. Comment n'y avions-nous pas pensé plus tôt ? Il faut distribuer des salaires plus élevés, libérer la participation comme aux belles années du keynésianisme redistributeur, et en même temps sommer la grande distribution de réduire ses prix de vente. L'économie a beau être une science simple, elle n'est pas simpliste, car, ici aussi, rien ne se perd mais tout se transfère.

La réalité telle qu'elle s'impose à nous se résume en une question : comment peut-on augmenter les salaires dans les entreprises françaises sans augmenter à terme les prix des biens ou des services qu'elles fabriquent, sauf à faire la fortune des producteurs des pays low cost dont les produits seront plus compétitifs à mesure que les prix des nôtres augmenteront ? Le grand jeu du pouvoir d'achat est un jeu à somme nulle. Ce que les uns gagnent, les autres le perdent. Et vice versa. Au début du XXe siècle, l'économiste italien Vilfredo Pareto, ingénieur de formation, avait défini l'optimum économique comme une situation où le bien-être d'un individu ne peut pas augmenter sans réduire celui d'un autre. Quelques décennies plus tard, Deng Xiaoping, aux commandes de la Chine, déclarait en écho : « Il est honorable de s'enrichir, mais nous ne pouvons pas tous le faire en même temps. » Nous avons beaucoup profité des délocalisations en qualité de consommateurs, mais nous avons en même temps beaucoup enrichi les pays émergents qui ont constitué d'immenses stocks d'excédents commerciaux. Aujourd'hui, ils sont riches et viennent au secours de nos établissements bancaires plombés par la crise des *subprimes,* première grande crise d'un modèle qui adosse sa croissance à l'endettement des agents économiques !

Ce petit livre a pour ambition de répondre à quelques questions simples autour des prix et du pouvoir d'achat. C'est un « livre de cuisine » de l'économie moderne comportant des recettes et un mode d'emploi pour tous ceux qui ont envie et besoin de comprendre. Les plus grands économistes sont les premiers à dire que l'économie est une science à la portée de tous. Dans le premier chapitre de son ouvrage désormais planétaire *L'Argent,* l'économiste John Kenneth Galbraith écrit non sans malice que « l'étude de la monnaie est par excellence le domaine de l'économie dans lequel la complexité est utilisée pour déguiser la vérité et non pour la révéler[1] ». En France, on a tendance à déléguer l'économie à des spécialistes souvent issus de l'ENA et à considérer que le grand public ne peut pas la comprendre. Je crois au contraire que les Français ont une grande intimité avec l'économie du quotidien. Ce qui leur manque, c'est une vision politique ou, à défaut, une lecture globale du marché.

Premier point : le prix a toujours exprimé une valeur. Aussi loin que l'on remonte dans l'histoire du commerce et des échanges, les hommes se sont toujours préoccupés du « juste prix ». Cette idée n'a pas été inventée par un discounter du secteur de l'électroménager et de l'ameublement, puisqu'on en retrouve la trace dans la pensée de Thomas d'Aquin. Économie et morale sont confrontées. Thomas d'Aquin raconte l'histoire suivante : un commerçant fait route avec son chargement de céréales vers une ville où règnent la pénurie et la famine. Il sait que d'autres convois le suivent dans la même direction avec la même destination finale. Doit-il en informer les habitants de la cité affamée ? S'il le fait, il vendra sa cargaison moins cher, dans la mesure où la perspective d'une offre supplémentaire fera chuter les prix. Dilemme pour le marchand de céréales ? Thomas d'Aquin tranche le débat et estime que le juste prix est celui qui sera admis d'un commun accord par le vendeur et l'acheteur. Le juste prix serait donc celui que le consommateur est prêt à payer. Cette étude de cas pose toutefois la problématique de l'information. Depuis le XIXᵉ siècle, l'information circule rapidement grâce à l'invention du télégraphe, puis instantanément grâce au téléphone et à l'Internet. Un monde dans lequel offreurs et demandeurs partagent l'information est un monde ouvert où les prix se forment différemment. De ce point de vue, l'économiste Daniel Cohen a raison de rappeler que la mondialisation du XIXᵉ siècle,

© Groupe Eyrolles

---

1. GALBRAITH, John Kenneth, *L'Argent*, Gallimard, « Folio histoire », 1994.

marquée par l'émergence de moyens de communication en temps réel, a radicalement modifié les échanges en permettant « d'envoyer des marchandises là où elles sont chères à partir de là où elles sont bon marché[1] ».

Les prix sont au carrefour de l'offre et de la demande. Ils portent une valeur : valeur d'acquisition, valeur de remplacement, valeur d'usage et valeur immatérielle. Les prix sont aussi un espace où s'exprime l'intimité des désirs du consommateur. Nous avons vécu longtemps sans téléphones portables et sans bouquets satellites. Vivions-nous plus mal qu'aujourd'hui ? La question ne se pose pas ainsi. La bonne question est de savoir si ces biens et services font partie de la panoplie du bien-être dans notre société. La réponse est manifestement positive.

Enfin, les prix incorporent aussi une valeur sociale. Et c'est bien là que les problèmes sérieux commencent. Les prix des produits français intègrent le prix des matières premières, le prix de leur transformation et/ou de leur distribution et les coûts salariaux de production. Les salaires et les charges sociales pèsent lourdement sur les prix. Chaque jour, nous payons donc notre modèle social. Dans la course aux petits prix, face à la concurrence des pays émergents, les entrepreneurs français s'efforcent de produire à moindre coût. Pour y parvenir, ils cherchent naturellement à réduire les coûts de production, et notamment la part des salaires payés et des charges qui y sont associées. De ce point de vue, les chefs d'entreprise ont raison. Les conditions de production en France sont très défavorables, particulièrement pour les produits à faible valeur ajoutée pour lesquels ce sont les coûts salariaux qui font la différence. Le monde de l'économie est désormais grand ouvert. Il est loin, le temps où Henry Ford, le propriétaire de la marque éponyme, pouvait prétendre payer ses

---

1. COHEN, Daniel, *Trois Leçons sur la société post-industrielle*, Seuil, 2006.

salariés assez cher pour qu'ils achètent ses voitures, leur propre production. Il y a fort à parier que les employés des usines Ford roulent aujourd'hui dans des voitures japonaises, aussi fiables que les véhicules américains mais 30 % moins chères !

Bien avant son élection à la présidence de la République en 2007, Nicolas Sarkozy s'était déjà présenté comme le défenseur du pouvoir d'achat des ménages. Il était alors ministre de l'Économie et des Finances du gouvernement Raffarin. M. Sarkozy, grand argentier du pays, avait alors convoqué (c'est bien le mot qu'il faut employer) les dirigeants de la grande distribution en les sommant de faire baisser les prix. Dans un pays où l'État a été pendant longtemps un acteur central du marché – parfois commerçant, parfois transporteur, quelquefois agriculteur et toujours ordonnateur –, il ne faut pas s'étonner de voir un ministre intervenir publiquement pour sermonner les agents économiques du marché et prêcher la bonne parole. La démarche aurait pu se comprendre chez un héritier de la pensée étatiste, mais franchement, pour un libéral, la ficelle est un peu grosse. Toutes les études sérieuses disent que la grande distribution a fait baisser les prix en France et que, sans les efforts de massification engagés par ses dirigeants depuis plus de 30 ans en matière d'achat, les prix se seraient envolés dans des proportions effrayantes.

La grande mystification en matière de pouvoir d'achat consiste à faire croire qu'il suffit de baisser autoritairement les prix pour accroître la capacité d'achat des ménages. Dire la vérité reviendrait plutôt à présenter une vision globale de notre économie. En France, 60 % du revenu des ménages est consommé par les impôts, directs et indirects, et par le logement, qui sont autant de charges incompressibles et reconductibles. Le vrai pouvoir d'achat des Français représente donc au mieux 40 % de leurs revenus, dont il faut maintenant retrancher la part elle aussi incontournable du budget transport. Dans ces conditions, il ne faut pas s'étonner qu'ils s'obstinent à acheter des prix avant d'acheter des produits. Le véritable responsable du faible pouvoir d'achat des Français, c'est ici l'État glouton et consommateur de cash qui pèse sur toutes les structures de coût. On voit bien que, présentée ainsi, l'équation est plus complexe. Il y a, d'un côté, la gestion médiatique du pouvoir d'achat, qui consiste à convoquer les propriétaires de la grande distribution en présence des caméras de télévision, et, de l'autre, une gestion opérationnelle qui a pour objectif de trouver des solutions pour faire baisser les charges de l'État. Mais ce chemin-là est bien plus périlleux. Au moins sur le terrain politique. On doit toutefois reconnaître à Nicolas Sarkozy une envie de faire bouger les choses et de premières réformes qui sont à la fois audacieuses et utiles. Mais a-t-il vraiment la crédibilité nécessaire pour demander des économies à l'État quand, au même moment, il consent des allègements d'impôts qui aggravent encore le déficit des finances publiques et renchérissent le poids de la dette ? De l'audace, Monsieur le Président, de l'audace, pour enfin présenter tous les éléments de l'équation ! D'autres pays, nos voisins, sont parvenus à régler ces contradictions. Où est la différence ? Sans doute dans la représentation syndicale du monde du travail. Pour résumer, nous avons en France trop de syndicats dans la fonction publique et pas assez dans le secteur privé. Dans le secteur public, les syndicats empêchent les réformes qui allégeraient la pression fiscale sur les ménages. Ces syndicats bloquent l'évolution d'un modèle qui pourrait être mieux géré, plus efficace et moins cher. Des syndicats puissants dans le public et trop mal représentés dans le privé, où il serait urgent de soutenir les salaires. La France paye actuellement une longue tradition politique, économique et sociale étatiste. On ne refait pas son histoire. Il faut vivre avec.

Au mois de décembre 2007, Charles Beigbeder, dirigeant du fournisseur d'électricité Poweo, a rendu un rapport sur le low cost

© Groupe Eyrolles

au secrétaire d'État chargé de la Consommation et du Tourisme, Luc Chatel. Les travaux de cette commission s'inscrivaient dans le débat plus large sur le pouvoir d'achat. J'ai été auditionné par les membres de cette commission au titre de mes travaux universitaires sur le modèle low cost. Pour avoir longuement étudié ce modèle économique de bas prix et lui avoir consacré un ouvrage, je ne suis pas certain que le low cost augmente le pouvoir d'achat. C'est un modèle vertueux, mais la fonction des petits prix est avant tout d'élargir le marché. Le gain de pouvoir d'achat se fait à la marge. Mais, surtout, le modèle low cost pose une redoutable question : peut-on durablement consommer low cost sans prendre le risque de vivre un jour ou l'autre dans une société low cost ?

1.

La mondialisation fait valser les étiquettes

DU MONDE DE L'ÊTRE AU MONDE DE L'AVOIR

Le monde de la deuxième partie du XXᵉ siècle était bipolaire. L'hémisphère Nord était globalement riche et développé, et l'hémisphère Sud majoritairement pauvre. On parlait alors des pays du tiers-monde, là où on évoque aujourd'hui les pays émergents, dont certains ont fait d'ailleurs plus qu'émerger ! Cette division du monde correspondait aussi à une division du travail et induisait des modes de vie très différenciés en matière de consommation d'énergie et de comportements alimentaires. Pendant longtemps, le défi alimentaire auquel étaient confrontés les dirigeants chinois a été de donner un bol de riz par jour à chaque Chinois. De notre côté, nous vivions notre âge d'or, nos Trente Glorieuses. La société française se reconstruisait et passait progressivement d'une économie de subsistance à une économie de service : l'entrecôte de Salers était accessible, la baguette parisienne pétrie, façonnée et cuite par le boulanger du quartier ne valait pas 1 F – moins de 0,15 € – et nous consommions des fruits et des légumes de saison. Les Français s'équipaient progressivement en moyens de communication, comme la télévision et le téléphone filaire, ils achetaient des voitures, partaient en vacances et pouvaient être assurés que la situation de leurs enfants serait meilleure que la leur. Je me rappelle ce monde. Mes parents appartenaient à cette classe moyenne. Nous allions au cinéma voir les films de Gérard Oury ou les comédies d'Yves Robert avec Jean Rochefort et Jean-Pierre Marielle, nous partions de temps en temps à la campagne, au bord de la mer ou dans la maison familiale du Sud-Ouest. Je n'ai entendu parler du chômage, de l'inflation et du prix du pétrole que plus tard, dans les années 1970. Et encore, de quoi parlions-nous ? À Sainte-Geneviève-des-Bois, dans la région parisienne, à la pompe du magasin Carrefour, le premier grand supermarché de France[1], le super devait coûter un peu moins de 1 F ! Vingt centimes de moins que chez le pompiste ! À la même période, les statistiques nous disaient que les Français consacraient 30 % de leur revenu à l'alimentation. Aujourd'hui, l'alimentaire représente moins de 15 % du budget des ménages. Et pourtant, nous ne mangeons pas deux fois moins ! Dans les années 1970, les prix augmentaient de 15 % par an, mais nous n'avions pas l'impression de perdre chaque année du pouvoir d'achat. Au contraire, même ! Les salaires suivaient. Combien de Français ont remboursé leurs acquisitions immobilières à vil prix. En 6 ans d'inflation à 15 % (par an), la valeur du crédit de départ était devenue symbolique.

Ce monde-là était beau et, comme le dit la chanson, la vie bercée de tendre insouciance. C'est en tout cas l'image que nous en avons gardée. Puis la situation a lentement dérivé, mais beaucoup ont cru que le monde ancien était immortel. Les Français pensaient que leur modèle était éternel. En ce début de crise de l'énergie, dans la première partie des années 1970, ils pensaient que leurs années dorées allaient revenir. Que la crise était une crise de gouvernance. Que la gauche ferait mieux que la droite ou,

---

1. Carrefour inaugure son premier hyper en 1963.

pour certains, l'inverse. Une moitié du pays attendait l'alternance comme on attend un traitement contre une maladie grave. Mais, au fond, beaucoup étaient convaincus que la crise pouvait être traitée et des solutions identifiées. En arrivant au pouvoir en 1981, la gauche veut réindustrialiser le pays et nationalise les grandes entreprises et une partie du secteur bancaire. Elle ne fait qu'appliquer son programme. Le gouvernement de Pierre Mauroy creuse le déficit des finances publiques en se disant que l'argent distribué sur le marché intérieur va relancer la machine. Il mène une politique keynésienne dans un pays dont les frontières sont déjà poreuses, ouvertes aux produits étrangers : inadapté et contreproductif. La gauche fait de la politique, elle ne gère pas le pays. Puis elle impose les 39 heures payées 40. Premier coin dans l'arbre. Mais Giscard ne faisait-il pas la même politique ? Seul Raymond Barre, alors Premier ministre, évoquait la rigueur et appelait les Français à s'adapter à la nouvelle compétition internationale. On ne l'écoutait pas. On le moquait même, quand il appelait les chômeurs à prendre l'initiative en créant leur propre entreprise.

LA GAUCHE AU POUVOIR : DU MYTHE À LA RÉALITÉ

Posons-nous maintenant la question de savoir si l'arrivée de la gauche au pouvoir en 1981 a été bénéfique pour les salariés. Les chiffres montrent, hélas, que, dans le partage de la valeur ajoutée entre le travail et le capital, c'est bien la part du capital qui s'est accrue au détriment de la rémunération du travail.

1. Partage de la valeur ajoutée

	1980		1983/ 1984
Capital	30 %		40 %
Travail	70 %		60 %

2. La Bourse

				Ind 3090	
		Ind 181			
Ind 100					
	1900		1981		2000

À la Bourse, l'élection de François Mitterrand est saluée par une explosion des valeurs. La gauche française, hostile au marché, n'a pas été en mesure de résister aux conséquences de la mondialisation. Pour les patrons, elle a bien géré la crise. Pour le pouvoir d'achat, en revanche… Il avait augmenté de 1,6 % par an en moyenne au cours des deux derniers siècles, mais il ne progresse plus que de 1 % à 1,2 % par an depuis 20 ans.

▦ ET PENDANT CE TEMPS, QUE SE PASSE-T-IL DANS LE VASTE MONDE ?

Pour bien comprendre notre situation, il est utile de nous comparer, toutes proportions gardées, avec nos voisins proches ou lointains, qui sont aussi nos concurrents sur ce nouveau marché-monde. Dans les années 1980, la Grande-Bretagne est dirigée par des conservateurs. Que n'a-t-on pas entendu en France sur les nouveaux pauvres de Margaret Thatcher que son gouvernement laissait mourir dans les rues de Londres ! L'Angleterre, notre meilleur ennemi, ne pouvait accoucher que d'un monstre. Le bras de fer entre la Dame du même nom et les syndicats de mineurs anglais est un tournant. Margaret Thatcher tient le coup. Elle résiste, elle réforme, elle privatise et adoucit la fiscalité. Elle encourage les entreprises britanniques à innover, mais laisse disparaître celles qui appartiennent aux vieilles industries condamnées par la mondialisation des productions, suivant en cela le principe schumpétérien de destruction créatrice[1]. Margaret Thatcher va faire de la Grande-Bretagne une puissance économique dans laquelle la classe moyenne s'enrichit. Après son successeur, John Major, lui aussi conservateur, le Labour va prendre le pouvoir. Mais les travaillistes de Tony Blair ne sont pas ceux de Neil Kinnock. Ils mènent une politique libérale et pragmatique. Le résultat est incontestable. Aujourd'hui, le taux de chômage en Angleterre est deux fois moins élevé qu'en France et les chômeurs le sont deux fois moins longtemps. Le revenu moyen par habitant d'un Anglais est supérieur à celui d'un Français. En Grande-Bretagne, les hard discounters n'existent pratiquement pas. On vit globalement bien dans ce pays qui a conservé sa

---

1. Pour résumer, d'après Joseph S. Schumpeter, la destruction créatrice est la disparition de secteurs d'activité, remplacés par d'autres, plus modernes et plus efficients.

monnaie et reste attaché à la tradition libérale. Les Anglais viennent d'ailleurs dépenser leur argent dans nos territoires touristiques. Grâce aux compagnies aériennes low cost, ils ont acheté une partie de l'Aquitaine, du Limousin, des Pyrénées et les belles villas situées en bord de mer à Dinard. Comme le dit un agent immobilier de Saint-Junien, dans la Haute-Vienne, « avec un deux-pièces à Londres, on peut avoir la moitié d'un château dans nos régions ». L'image est tout juste symbolique des écarts de fortune entre nos deux pays.

▪ L'ÉCONOMIE SOCIALISTE DE MARCHÉ VERSION CHINOISE

Que se passe-t-il en Chine dans les années 1980 ? Le pays est sorti des folies de la Révolution culturelle. Mao Zedong a disparu, remplacé par le réformateur Deng Xiaoping. À l'opposé de son prédécesseur, Deng Xiaoping incite les Chinois à s'enrichir. Il « décollectivise » les terres et les exploitations agricoles. Les familles chinoises qui cultivent la terre peuvent jouir de sa propriété pour une période de 30 ans. La Chine se prépare et prend conscience de sa force. Pour reprendre l'expression de Gilbert Étienne, « la Chine ne devient pas l'atelier du monde mais l'atelier d'assemblage du monde[1] ». En réalité, les Chinois assemblent pour les autres. Pour les Japonais, par exemple, qui commencent à imiter nos produits : voitures, machines-outils, hi-fi… On ne les prend pas très au sérieux et, pour un peu, on rigolerait franchement quand un visiteur japonais est retrouvé sous une chaîne de production avec un appareil photo à la main ! On a bien tort. Les Français, toujours cabochards, regardent le monde qui change par le petit bout de la lorgnette et bercés par l'illusion que leur richesse

---

1. ÉTIENNE, Gilbert, *Chine-Inde, la grande compétition*, Dunod, 2007.

est inépuisable. Grâce à la politique du réformateur Deng Xiaoping, 400 millions de Chinois sont sortis de la pauvreté[1]. Nous aurions dû comprendre que notre tour était passé ou, à défaut, que notre situation de grand confort était menacée. Pendant que nous défendions bec et ongles notre modèle éternel, les Chinois, que nous pensions « petites fourmis », s'exportaient dans les meilleures écoles de commerce et les grandes universités américaines pour apprendre les codes du commerce international, de la banque, de la finance et de la production.

La Chine a inventé le concept d'économie socialiste de marché. Elle a ouvert ses zones économiques spéciales aux grandes entreprises du monde occidental en leur offrant des conditions de production exceptionnellement avantageuses. Pas ou peu de fiscalité, une main-d'œuvre à bon marché. Mais les Chinois, qui nous appâtent avec leurs gros contrats d'achat, savent aussi nous piéger. Les entreprises étrangères qui ont délocalisé en Chine doivent laisser sur place leur technologie si elles entendent quitter le pays. La Chine est membre de l'OMC, l'Organisation mondiale du commerce, symbole de l'économie de marché. Elle dispose d'énormes réserves de change qui couvrent plus d'un an d'importations et elle achète chaque jour des dollars sur le marché international pour éviter un décrochage trop grand de sa monnaie par rapport à la devise américaine. La Chine est un marché immense et prometteur. Sur un milliard et demi de Chinois, quelque 600 millions sont des urbains. C'est dans cette population des villes que se recrutent la classe moyenne chinoise et les élites politiques qui ont privatisé la nouvelle fortune du pays. Que pouvons-nous représenter face à cette puissance démographique et économique ? Peu de chose si nous choisissons d'affronter les Chinois sur leur terrain. Nos atouts s'appellent

---

1. YUNUS, Muhammad, *Vers un nouveau capitalisme*, JC Lattès, 2008.

valeur ajoutée, flexibilité, innovation, inventivité… Autant de choses que les Français ont du mal à accepter car elles remettent en cause les valeurs cardinales du modèle social français : droits acquis, augmentation garantie du pouvoir d'achat, emploi à vie, plan de carrière tracé et réduction du temps de travail.

▪ LA TENTATION LOW COST

Un produit parmi beaucoup d'autres est symbolique du décalage grandissant entre nos envies de consommateurs et nos limites de producteurs, c'est la Logan, la voiture à bas prix du groupe Renault. Pour faire écho à notre précédente réflexion sur la nécessaire différenciation entre nos produits et ceux des pays low cost, arrêtons-nous un instant sur le cas de la marque Renault. Depuis deux exercices, les résultats du constructeur français sont tirés vers le haut par la Logan, fabriquée en Roumanie par Dacia. Inquiétant quand on sait que les grands concurrents de Renault font la différence avec des produits à très haute valeur ajoutée en multipliant les innovations technologiques qui créent la nouveauté et accessoirement épargnent la couche d'ozone ! À l'inverse, Renault apprécie son résultat avec un modèle certes intelligent mais à classer dans la catégorie des voitures à faible technologie. La Logan, voiture franco-roumaine, a connu des débuts chaotiques. Quand le groupe Renault annonce son intention de mettre en chantier une voiture à bas prix, il prend soin de préciser que cette voiture est destinée aux marchés d'Europe centrale et orientale, où le pouvoir d'achat, plus faible qu'en France, oblige l'entreprise à réduire ses coûts de production. Renault, explique à l'époque Louis Schweitzer, doit produire 4 millions de voitures par an pour soutenir son modèle économique de constructeur international, et la Logan va élargir son marché et répondre aux attentes de nouveaux consommateurs. L'objectif est de donner le change à des syndicats qui s'opposeraient à une délocalisation des productions maison[1] ! La Logan a été conçue comme un produit simplifié : pas de prototype lors de la phase de création mais des plans en 3D, pas de technologies de pointe, pas d'électronique, un assemblage de pièces détachées déjà mises au point (comme les vitres), pas de produits ou de services ajoutés (autoradio, climatisation), bref, le produit de base et rien d'autre. Pour réaliser des économies dans le processus de production, la Logan est assemblée en Roumanie chez Dacia et les sous-traitants choisis dans les pays voisins. Il faudra d'ailleurs revenir sur cette politique de délocalisation des sous-traitants en raison de problèmes majeurs de non-conformité. La Logan n'est pas la voiture la plus élégante du monde, mais elle marche bien. Mieux, on la trouve de plus en plus sur les routes de France, elle qui devait être réservée aux consommateurs à faible pouvoir d'achat des pays de la nouvelle Europe orientale. Les consommateurs français plébiscitent la Logan, mais ont-ils conscience que nous n'aurions pas pu fabriquer cette voiture si nous avions dû la fabriquer nous-mêmes en France ! Bons consommateurs mais mauvais citoyens ! L'histoire de la Logan est exemplaire de nos contradictions et symbolique du nouveau monde. Nous avons longtemps consommé ce que nous produisions, mais de nouveaux territoires de production se sont offerts à notre appétit de consommation et à nos envies de petits prix. Ils ont accepté de nous servir d'arrière-boutiques.

---

1. En avril 2008, les syndicalistes français du groupe Renault vont constituer un fonds de caisse pour soutenir les grévistes de l'usine roumaine de Pitesti qui réclament de partager un peu mieux les profits de l'entreprise. Ils gagnent en moyenne 1 600 lei, soit 450 € par mois. Renault finira par accorder 550 lei d'augmentation de salaire et une prime de fin d'année. La grève durera deux semaines et coûtera, selon les sources, entre 30 et 50 millions d'euros.

▪ L'INDE, PAYS ÉMERGENT, ÉCONOMIE ÉMERGÉE !

Dans cette nouvelle géographie du monde économique, des pays puissants, des peuples habiles et inventifs affirment leurs nouvelles ambitions. C'est notamment le cas de l'Inde dont le symbole est, depuis quelques mois, un constructeur automobile local qui veut faire encore mieux en matière de petits prix : une voiture à 100 000 roupies, soit 2 500 $, soit encore 1 700 €, destinée aux classes moyennes de l'Inde et des pays émergents. La Nano sera la voiture « ultra low cost », pour reprendre une expression de marketeur ! Elle mesurera 3,10 m, sera équipée d'un petit moteur de 624 CC et ne dépassera pas le 100 kilomètres/heure. La Nano a été conçue pour transporter deux personnes principalement dans les agglomérations urbaines. C'est une voiture pour le prix d'un scooter.

Comment les Indiens en sont-ils arrivés là ? Ceux qui ont lu le très bon livre de Guy Sorman *Le Génie de l'Inde*[1] savent que ce pays immense porte des ressources humaines insoupçonnées. « L'Inde qui apprend à vivre », selon la formule de Malraux, a abandonné l'économie planifiée qui était son modèle depuis l'indépendance de 1947. Depuis 1991, date de la rupture officielle avec le modèle socialiste, les partenariats public-privé se sont beaucoup développés. C'est un signe de maturité politique et un élément de différenciation avec la Chine, dont le cadre politique n'est pas encore à la hauteur des ambitions économiques. L'Union indienne est souvent présentée comme la plus grande démocratie du monde, même si c'est une démocratie relative. L'Inde est placée dans la sphère linguistique anglo-saxonne et profite des synergies créées par la proximité culturelle avec les grands circuits marchands. L'État y est peu consommateur de richesse, au

---

1. SORMAN, Guy, *Le Génie de l'Inde*, Fayard, 2000.

détriment des services publics. Les prélèvements étatiques ne représentent que 9 % du PIB, c'est-à-dire de la richesse créée par les entreprises sur le sol indien. Enfin et surtout, l'Inde forme des têtes bien pleines et des ingénieurs de très haut niveau. Le système scolaire, marqué par la présence britannique, y est performant. Le seul secteur de l'informatique, à l'origine des gains de productivité les plus significatifs dans l'industrie au cours des 30 dernières années, compte un million de salariés. La part des services est désormais supérieure à celle de l'industrie dans l'économie du pays. Ainsi, l'Inde offre des coûts de production très modestes associés à une grande maîtrise de la technologie : la force du travail et le génie de l'innovation dans un pays de plus d'un milliard d'individus. L'émergence de la puissance indienne est encore contrariée par un système de castes inégalitaire. Cette organisation sociale paralyse en partie la mobilité sociale qui est un vrai facteur de progrès et de performances économiques. Avec une croissance annuelle de 8 %, l'Inde pointe dans les 10 premiers PIB du monde, mais en même temps son revenu par tête reste faible. Avec une espérance de vie moyenne de 58 ans, l'Inde présente un indice de développement humain très en deçà de ses performances économiques[1]. Pourtant, l'Inde est le plus prometteur des dragons de la nouvelle économie. À court terme, il lui manquera une réforme agraire efficace pour parvenir à répondre à ses besoins alimentaires et sans doute une révolution sociale qui permette d'infléchir la géographie mentale des Indiens frappée par le fatalisme et la prédestination.

---

1. Indice composite privilégiant la qualité de vie : santé, éducation et confort social.

▨ LA CHINE ET L'INDE : RESPONSABLES DE LA BAISSE DE NOTRE POUVOIR D'ACHAT ?

Le mot « mondialisation » est souvent utilisé à tort et à travers. On l'emploie parfois avec une valeur d'adjectif, en oubliant son sens premier. Revenons à des choses simples : la mondialisation, c'est d'abord et avant tout l'arrivée de la Chine et de l'Inde sur le marché du monde. Ce n'est pas une petite affaire ; les deux pays pèsent plus de 2,5 milliards d'individus, soit environ 40 % de la population mondiale. En quelques années, la planète a dû accueillir de nouveaux venus sur le marché. Et nous ne sommes qu'au début d'un phénomène de croissance démographique qui nous amènera à vivre à 9 milliards d'individus sur cette terre en 2050. C'est dire si l'échéance est courte. Elle l'est d'autant plus que nous avons tous fait preuve d'imprévoyance : la moitié des céréales cultivées servent aujourd'hui à nourrir le bétail, et la hausse brutale des prix du pétrole incite les pays émergents comme le Brésil à produire des agrocarburants, d'où une déforestation massive et la raréfaction des terres cultivées pour l'alimentation humaine. La conclusion de ces choix est malheureusement univoque. En privilégiant des politiques de court terme, répondant à des préoccupations financières ou politiques, les dirigeants occidentaux hypothèquent nos chances de pouvoir prochainement nourrir une humanité de 9 milliards d'individus. Aussi, pour ce qui est de notre préoccupation du pouvoir d'achat, la conjoncture actuelle et les choix politiques retenus forment la base d'une hausse importante et durable des prix des matières premières agricoles.

L'émergence de nouveaux consommateurs n'est pas sans effet sur les prix des produits que nous achetons. On estime la nouvelle classe moyenne indienne à 350 millions d'individus, c'est-à-dire plus que la population américaine (300 millions d'Américains). En Chine, la classe moyenne représenterait un peu plus de 100 millions de personnes, essentiellement massées sur les côtes de la mer de Chine et localisées dans les villes chinoises. Cette évaluation est une estimation *a minima*[1]. La Mission économique de l'ambassade de France en Chine définit cette classe moyenne comme l'ensemble « des catégories les plus aisées et non les plus proches ou les plus représentatives de la classe moyenne ». Elles représentent 20 % de la population urbaine et leurs revenus ont augmenté de 17 % par an au cours des 5 premières années du siècle. Elles grossissent chaque année puisqu'on estime qu'elles comprendront 180 millions d'individus en 2010. Pour dire les choses autrement, les besoins des Chinois vont croître de façon spectaculaire. Et que consomment ces nouveaux riches de Chine ? Des fruits, des produits laitiers, de la viande. Il y a 10 ans, la consommation moyenne de viande d'un Chinois correspondait à 10 % de la consommation d'un Occidental. Aujourd'hui, en 2008, c'est près de la moitié ! Les Chinois consomment 50 kilos de viande par an et par personne. À la différence des Indiens, ils utilisent le bœuf dans leur excellente gastronomie. Les Chinois de la classe moyenne habitent des logements équipés de l'air conditionné, achètent des téléphones portables, des téléviseurs, des équipements de la maison, du loisir. Ils sont depuis longtemps nos fournisseurs, mais ils deviennent aussi nos concurrents sur le marché de la consommation. Les Français sont très informés de la situation en Chine. Ils se mobilisent volontiers pour les droits de l'homme, ce qui est à leur honneur, mais ils ne veulent pas toujours tirer les conséquences économiques de la nouvelle donne. Dommage, car la situation appelle un peu de pédagogie.

---

1. Note de la Mission économique de l'ambassade de France à Pékin en date du 11 décembre 2006.

L'ÉCONOMIE, UNE SCIENCE SIMPLE

La première leçon de macroéconomie est à la portée d'un enfant de 10 ans. Quand la demande augmente, les prix montent. Or, tous ces consommateurs chinois viennent s'ajouter à la demande mondiale en matières premières alimentaires ou en hydrocarbures. Prenons un exemple simple sur la question du prix : un maraîcher vient sur le marché proposer sa botte de poireaux. La peine qu'il aura éprouvée et la quantité de travail qu'il aura dû mobiliser pour la produire lui permettent d'espérer qu'il sera rémunéré à la hauteur de ses efforts. Comment lui expliquer que ça n'est pas forcément le cas ? Imaginons deux cas de figure. Si 10 clients se présentent pour acheter sa botte de poireaux, il pourra faire monter les enchères et vendre au plus offrant. Si, en revanche, un seul se présente, c'est l'acheteur qui fera le prix, avec l'ambition évidente d'acheter le moins cher possible. À l'échelon national et international, les règles de l'offre et de la demande sont les mêmes. Les Chinois, puisque nous parlions d'eux, veulent consommer et rejoindre des standards de consommation comparables aux nôtres, au moins en termes de volume. Peut-on leur reprocher de vouloir accéder au bien-être et à la satiété que nous avons défendus comme étant un idéal humain à vocation universelle ? Bien sûr, les classes aisées chinoises et indiennes ne consomment pas toujours les mêmes produits alimentaires que nous. Le géographe de l'université de Paris-X Frédéric Landy[1] relativise le poids des puissances émergentes dans la compétition alimentaire. « En premier lieu, la Chine n'est pas l'Inde. Pour des raisons autant religieuses que culturelles, les Indiens ont leur propre modèle d'alimentation.

---

1. Frédéric Landy est professeur de géographie à l'université de Nanterre. Il est un des spécialistes mondiaux de l'Inde. Ses ouvrages sur l'agriculture indienne, publiés chez Karthala Éditions, font référence.

Dans ce pays, la nourriture est sacrée car nous deviendrons nous-mêmes nourriture. Les Indiens divisent leur assiette entre les trois familles de produits, nourriture froide, nourriture chaude et nourriture aérée. Les modes d'alimentation évoluent et peuvent dans certains cas s'occidentaliser, mais ce serait très exagéré de considérer que les Indiens aspirent à s'alimenter comme nous. Ils contribueront à alourdir la demande de céréales et de produits animaux mais dans des proportions moins fortes que nous l'imaginons.» À ce jour, la consommation de viande d'un Indien reste marginale : environ 4 kilos par an. Toutefois, la croissance de la population indienne demeure supérieure à la croissance de la production agricole. En Chine, l'émergence de nouveaux besoins alimentaires produit des effets en chaîne. La demande en protéines animales crée une tension sur les produits de l'élevage. Mais pas seulement, car, pour élever du bétail, il faut aussi mobiliser des céréales et de l'énergie.

Comme nous le savons maintenant, la moitié des céréales produites dans le monde est utilisée pour l'alimentation du bétail. Du coup, la tension ne porte pas simplement sur le produit de départ, mais sur toute la chaîne qui permet de le produire. Les éleveurs français se plaignent de la hausse du prix des céréales, non parce qu'ils en mangent au petit déjeuner, mais parce qu'ils utilisent le fourrage pour nourrir leurs troupeaux. Conclusion : l'augmentation de la demande internationale sur les produits agricoles a fait monter les prix pour l'ensemble du marché avec des conséquences diverses. En Haïti, au Cameroun ou au Burkina Faso, l'appréciation du prix se traduit par une pénurie pure et simple et par des «émeutes de la faim». La situation est tellement dramatique dans certains pays d'Afrique subsaharienne que des diplomates et des experts sur ces questions en viennent à rappeler que l'issue de telles crises est en général la guerre ! Fin 2007, les prix des produits de base de l'alimentation des Chinois, toutes classes sociales confondues, ont augmenté de façon vertigineuse : entre 40 et 56 % en quelques semaines pour le soja, le porc et le riz, au point que les autorités chinoises ont dû rétablir le contrôle des prix. En Europe, le prix des pâtes alimentaires a grimpé de 11 %. En Inde, l'émergence de la classe moyenne, plus large qu'en Chine, renforce la dépendance alimentaire du pays vis-à-vis de l'extérieur et accroît la tension sur les marchés des matières premières alimentaires. Une telle situation est porteuse de grands dangers.

▪ LA GÉOGRAPHIE, ÇA SERT À FAIRE LA GUERRE

Les géopolitologues rappellent que l'histoire repasse les plats et aiment à citer la formule prêtée à Bismarck : « La géographie, ça sert d'abord à faire la guerre. » Ils prennent en exemple le cas des plaines ukrainiennes, riches en céréales, plusieurs fois occupées par des puissances étrangères, ou encore les conflits du Caucase, qui cachent des guerres économiques. La situation est préoccupante et mobilise l'attention des institutions internationales. Le dernier rapport de la FAO (Organisation pour l'alimentation et l'agriculture) et de l'OCDE (Organisation de coopération et de développement économiques) intitulé « Perspectives agricoles 2008-2017 » fixe les contours de notre avenir en matière de prix alimentaires : les prix des matières premières agricoles vont rester à un niveau élevé. « Si certaines des causes sous-jacentes ont un caractère ponctuel, écrivent la FAO et l'OCDE, certains facteurs permanents vont contribuer à maintenir les prix à des niveaux plus élevés en moyenne que dans le passé. » Par ailleurs, confirment les experts, « l'épicentre de la production, de la consommation et des échanges continuera de se déplacer peu à peu des pays de l'OCDE vers les pays émergents. Cette évolution a pour toile de fond des prix sans précédent pour la quasi-totalité des produits agricoles visés ». Quand on traduit le rapport de la FAO et de l'OCDE en termes de perspectives, il faut y lire les mots « compétition », « rapports de force » et, dans certains cas, « conflits ». Nous retiendrons que les prix de notre quotidien vont augmenter sans qu'aucune mesure correctrice immédiate (j'insiste sur le mot « immédiate ») ne puisse être mobilisée.

Quittons momentanément les matières premières alimentaires pour décrypter une autre situation mettant en scène les anciennes puissances et les nouvelles. Prenons en effet ce qui se passe en Afrique de l'Est dans la province du Darfour. On pourrait penser que nous nous éloignons de notre sujet, mais ce n'est pas le cas. Les combats qui ont opposé des rebelles « soudanais », armés et financés par la République populaire de Chine, aux troupes fidèles au président tchadien Idriss Déby (réputé proche de la France) ont pu passer pour un règlement de comptes entre factions rivales qui se disputent les joyaux de la couronne. Derrière cette présentation un peu naïve, on peut aussi lire un conflit géopolitique dont l'enjeu n'est autre que la conquête de territoires riches ou potentiellement riches en hydrocarbures[1]. Comme toujours, l'enjeu est économique. Observons une carte de l'Afrique pour comprendre. Si le Tchad tombe, les pro-Chinois auront un accès direct au nord du Cameroun puis, par effet de capillarité, aux régions très riches de Pointe-Noire et au Cabinda, territoire dont le sous-sol est parmi les plus riches du continent. Pour les Chinois, l'Afrique n'est plus une petite affaire. L'immense machine économique chinoise tourne à plein régime. Pour nourrir sa croissance et continuer d'inonder le monde de ses produits, en constituant au passage des excédents commerciaux gigantesques, elle a un besoin de pétrole sans cesse plus important. Le pétrole est bien devenu l'oxygène de l'économie chinoise, et c'est

---

1. Les revenus pétroliers du Tchad sont de 1 milliard d'euros par an.

désormais l'Afrique qui lui fournit 32 % de ses approvisionne-
ments extérieurs, soit près d'un tiers, juste derrière le Proche-
Orient qui représente 44 % de ses importations. La guérilla du
Darfour et les combats du Tchad sont à resituer dans cette guerre
plus large pour les matières premières. Les conséquences de ces
conflits pèsent directement sur nos étiquettes et pas seulement
de façon symbolique et ponctuelle.

▪ SPÉCULATION SUR LA FAIM

Il y a actuellement 1 milliard d'agriculteurs sur terre. Mais seulement 28 millions possèdent un tracteur ! En France, la politique
de remembrement a permis de rationaliser la production agricole
en favorisant la concentration des exploitations. Dans la période
qui a suivi la Seconde Guerre mondiale, un paysan français nour-
rissait 2 personnes. Aujourd'hui, il en nourrit 30 ! Cette explosion
de la productivité a conduit dans les 20 dernières années du
XXe siècle à une crise de surproduction. Le politique est intervenu
pour sauver le monde paysan menacé de faillite. Les surplus de
la production agricole faisaient chuter les cours et les paysans
vendaient en dessous du prix de production. Le monde agricole a
payé un lourd tribut à la mécanisation et au modèle d'une agriculture intensive (ou productiviste). De 2 millions de paysans,
nous sommes passés à 600 000, et les experts disent qu'ils sont
encore deux fois trop nombreux. Le secteur agricole est devenu,
par pratique politique, le secteur de l'économie le plus assisté, le
plus abondé par les subventions de l'État ou de l'Union européenne. On a payé les agriculteurs pour produire moins et, dans
ce domaine, les grands pays du Nord présentent tous les mêmes
caractéristiques : des exploitations de grande taille, fortement
mécanisées, et des productions subventionnées aux côtés de terres en jachère, elles aussi subventionnées. Dans ce contexte

d'abondance et parfois de surabondance, nous avons oublié quelques-unes des règles de base du développement humain. Nous n'avons pas été assez attentifs à des indicateurs simples : la démographie, la production agricole, le défi constant de l'auto-suffisance alimentaire du monde.

Aujourd'hui, en 2008, au moment où se pose la question du prix de notre alimentation, il est difficile de faire l'impasse sur toutes ces questions. Or que se passe-t-il ? À ce jour, nous ne sommes pas en mesure de répondre à l'augmentation de la demande sur les produits agricoles de base. Dans les pays de l'hémisphère Sud, les exploitations agricoles n'atteignent presque jamais une taille significative. L'immense majorité des 700 millions d'agriculteurs indiens vivent sur des exploitations de moins de 1 hectare. Ces paysans ont suivi les prescriptions du « plan vert » dans les années 1970 pour améliorer leurs rendements, mais tous hésitent à passer d'une agriculture vivrière à une agriculture de négoce. « Les agriculteurs indiens peuvent être conservateurs, note Frédéric Landy, de Paris-X, mais avec un demi-hectare bien irrigué et deux récoltes de riz par an, on peut faire vivre sa famille. » Pour résumer, le monde dispose de grands espaces agricoles, mais ses paysans, pour le plus grand nombre, cultivent la terre avec l'ambition de se nourrir, eux et leur famille. En Chine, par exemple, 80 % de la population travaille dans le secteur primaire. En Occident, à l'exception de la communauté universitaire et scientifique, nous sommes pendant longtemps restés à distance des deux grands pays émergents asiatiques. Je veux dire par là que nous les avons considérés d'un point de vue exotique. Les dirigeants politiques français qui devraient opérer une veille concurrentielle, comme on le fait dans toutes les entreprises, ont manqué à leur devoir d'anticipation. Car en confiant aux pays émergents nos productions à faible valeur ajoutée sans aucune contrepartie, autrement dit en délocalisant nos usines, nous les avons élevés dans l'ordre économique et nous avons stimulé leurs besoins de consommation[1].

Loin d'être parvenus à l'autosuffisance alimentaire, ces pays achètent sur les marchés internationaux et font grimper les cours. L'image de fin de cette logique est tragique : plus les ventres crient famine, plus les prix de l'alimentation montent !

▓ LES MATIÈRES PREMIÈRES AGRICOLES, UNE CLASSE D'ACTIFS COMME LES AUTRES

L'augmentation massive de la demande n'explique pas à elle seule la hausse des prix des matières premières agricoles et du pétrole. Évacuons tout de suite le cas du pétrole : les évaluations concordent et font apparaître que la spéculation financière représente à elle seule 25 % de la hausse de son prix. Pour dire les choses autrement, on peut se fier à l'avis des traders qui estiment qu'un quart des variations des cours sur le pétrole ne s'expliquent pas par l'équilibre entre l'offre et la demande. En quelques années, la part du « pétrole papier » a explosé. Au départ, les préoccupations des opérateurs étaient essentiellement défensives. Il s'agissait de se protéger contre la flambée des cours. Mais ces matières premières papier sont devenues des classes d'actifs éligibles au jeu de la spéculation. La question centrale de la rareté du pétrole se posera plus tard. En 2008, la moitié des réserves

---

1. À la différence de l'Europe, les États-Unis ont passé un accord non écrit avec les autorités chinoises, que le journaliste, rédacteur en chef au journal *Le Monde,* Éric Le Boucher appelle avec raison la « très grande alliance ». Les Américains achètent des produits chinois tandis que les Chinois achètent des bons du Trésor américain qui viennent financer les déficits de l'État fédéral. À la sortie, tout le monde est content, sauf les Européens, qui sont exclus de cette alliance égoïste mais redoutable. LE BOUCHER, Éric, *Économiquement incorrect*, Grasset, 2007.

connues ont été consommées. C'est beaucoup en termes géologiques mais peu en termes économiques. Une matière première ne flambe pas à mi-parcours de son espérance de vie.

Pour comprendre les mécanismes de la spéculation, rendons-nous derrière la frontière française, dans un décor montagnard et champêtre. Vladimir Blanckaert dirige une filiale d'Eridania à Genève. Il appartient au cercle très fermé des traders internationaux sur le marché du sucre. Comme tous ses collègues, Vladimir Blanckaert passe une partie de son temps à prendre des positions sur son marché et une autre entre le Brésil, premier producteur mondial de sucre, et les bassins de consommation, par exemple l'Afrique ou le Proche-Orient. « C'est la volatilité des marchés qui fait notre métier, explique-t-il, autrement dit les mouvements de hausse et de repli. Rien n'est pire pour un trader que la stabilité des prix. » Trader, oui, mais pas spéculateur. « Nous prenons des positions en analysant l'offre et la demande. Si le Brésil produit moins que prévu au moment où la demande russe s'accroît, nous allons prendre des positions à terme car les prix vont monter. L'achat à terme permet d'anticiper. On achète à un cours bas pour revendre plus tard quand le marché est haussier. » Grâce à un système de couverture sous forme d'options d'achat *(call)* et d'options de vente *(put),* les traders se donnent des outils pour limiter la part de risque. Les traders spéculatifs, eux, ne jouent pas sur ce registre. Ils se dispensent de l'analyse de l'offre et de la demande pour ne retenir que des tendances grâce à une batterie d'outils directionnels. Les spéculateurs, au rang desquels figurent les plus grandes banques anglo-saxonnes, constituent des CRB, c'est-à-dire des packages comparables à des plans d'actions dans lesquels on trouve du pétrole (pour au moins 30 %), des métaux, des matières premières alimentaires et des oléagineux... Ils vendent et ils achètent. « Les risques sont grands, commente Vladimir Blanckaert, à ce jeu on peut beaucoup gagner et beaucoup perdre. Par rapport aux centaines de milliards qui sont en jeu, nous, professionnels du sucre, nous ne représentons pas grand-chose ! » En quelques années, l'action des traders spéculatifs a dopé les transactions : « Nous sommes passés de 80 000 lots pour une période d'un mois rapproché il y a 5 ans, à 350 000 lots échangés pour la même période en 2008. » Plus le marché est dynamique, plus les prix bougent. Mais, dans le monde de la finance comme dans les autres, il faut toujours un fait générateur. En 2008, c'est la Chine qui a donné le coup d'envoi des opérations. Engagés dans l'immense défi des jeux Olympiques, les Chinois ont acheté des quantités très importantes de métaux sur le marché international pour alimenter les chantiers du bâtiment et des travaux publics sur les sites olympiques. Dans la foulée, par un effet presque mécanique, « tous les marchés de *commodities* (matières premières) se sont réchauffés. » Les spéculateurs à la tête de grandes quantités de liquidités (créées par la politique monétaire américaine) se sont alors placés sur ces marchés et ont provoqué l'envolée des cours.

À qui perd gagne ! Petit exercice pratique pour comprendre les marchés à terme

Les deux hypothèses de marché retenues dans cet exemple sont réalistes. Les variations de prix sont constantes. Exemple : fin mai 2008, une tonne de sucre valait 209,50 $. Un mois plus tard, fin juin 2008, elle coûtait 261,24 $.

Nous sommes le 1er janvier 2008 : 1 tonne de sucre vaut 100 $.

J'achète au Brésil 1 million de tonnes au prix du marché + 10 $.

Le jour même, je vends 1 million de tonnes à terme sur la base du prix du marché, soit 100 $.

Cotation : long sucre 110 $ / short future 100 $.

Résultat de cette opération : − 10 $ la tonne.

Nous sommes maintenant le 1er février 2008. Le marché a chuté. 1 tonne de sucre ne vaut plus que 60 $.

...../...

...∕...

Je vends à un acheteur du Proche-Orient 1 million de tonnes au prix du marché + 20 $, soit 80 $ la tonne.
Le jour même, j'achète 1 million de tonnes sur le marché à terme au prix de 60 $ la tonne.
Cotation : short sucre 80 $ / long future 60 $.
Résultat de cette opération : + 20 $ la tonne.
Le solde des deux opérations se traduit par un solde positif à hauteur de 10 $ la tonne.
J'ai gagné 10 $ × 1 million de tonnes !

Les ravages de la bulle spéculative sont sans doute bien supérieurs à ce qui est officiellement reconnu. Des responsables américaines du département du Commerce affirment, par exemple, que l'augmentation de la demande de pétrole papier est comparable en volume à l'augmentation de la demande chinoise sur une période comparable ! Sur d'autres marchés, comme celui du cuivre, les manœuvres spéculatives ont atteint des niveaux record. La tonne coûtait 2 500 $ en 2004. Elle frôlait les 8 900 $ en 2008 ! En cause, la stratégie de stockage de certains propriétaires spéculateurs soucieux de maximiser la valeur de leur actif en organisant la sous-capacité sur le marché. Cuivre, nickel, cacao et pétrole, les marchés papier consacrent le règne de la spéculation sur des marchés parfois vitaux. On pourra à l'occasion méditer sur le sort des 850 millions de personnes que les organisations internationales présentent pudiquement comme des affamés du XXIe siècle et faire le compte des milliards gagnés (perdus pour d'autres) sur des marchés fictifs et totalement spéculatifs !

■ L'OMBRE DE LA PÈGRE

Toute hausse du prix de l'énergie pèse sur les processus de collecte et de transformation des matières premières agricoles et par conséquent sur les prix que nous payons. La spéculation sur l'énergie (que l'on peut considérer comme un bien commun à tous les êtres humains) est immorale, mais celle qui frappe le secteur de l'alimentation est, sans jugement de valeur, scandaleuse puisqu'elle aboutit à affamer une partie de l'humanité. Quels sont les mécanismes de la crise ? Pour commencer, la Banque centrale américaine baisse ses taux directeurs et suscite ainsi la création surabondante de liquidités internationales. Les propriétaires de ces capitaux flottants cherchent les meilleurs rendements. Ils placent une partie de leur argent dans le secteur de l'industrie mais, compte tenu du volume des sommes à engager, ils se tournent aussi vers le secteur des matières premières : immoral mais efficace surtout au moment où les tensions se multiplient entre l'offre limitée et la demande croissante. Dans le collimateur, il y a en particulier les fameux *hedge funds,* des fonds spéculatifs qui gèrent en permanence des milliards de dollars autour du globe. Le lundi 19 mai 2008, la banque Lehman Brothers lançait un avertissement sur la création d'une bulle spéculative sur les matières premières. Les montants indexés sur les matières premières ont triplé en 2 ans, passant d'un montant de 70 milliards de dollars en 2006 à 235 milliards de dollars en 2008. Conscient des dangers d'un tel mécanisme, le gouvernement indien a interdit la spéculation sur certains marchés de matières premières agricoles. Aux États-Unis, pour la première fois, un très haut dirigeant du pays, l'*Attorney General*, en d'autres termes le ministre de la Justice, a mis en cause la « pénétration par le crime organisé du secteur de l'énergie et d'autres secteurs économiques stratégiques ». En avril 2008, Michael Mukasey brise un tabou en estimant que le crime organisé a pénétré les *hedge funds,* qu'il utilise comme de formidables machines à blanchir son argent sale. Ses comptables, ses hommes d'affaires, ses avocats sont parmi les meilleurs. Rien ne permet *a priori* de distinguer une opération d'origine mafieuse d'une autre. Dans la 5ᵉ édition de son manuel *Macroéconomie financière*, Michel Aglietta dresse un bilan des pratiques financières en cours qui fait réfléchir : « Penchant persistant à sous-évaluer les risques, corruption et fraudes à grande échelle, conflits d'intérêts, mansuétude des autorités publiques. Loin de se conformer à l'idéal d'efficacité et de transparence auquel elle prétend, la libéralisation financière a montré d'une crise à l'autre son incapacité à s'autoréguler[1] ».

▓ L'INFORMATION, UNE ARME DE GUERRE

Les fonds spéculatifs aiment les marchés de matières premières pour au moins deux raisons : d'abord, parce que ce sont des marchés à terme dans lesquels l'acquéreur ne prend pas immédiatement possession des produits achetés. L'acheteur est, le temps de l'opération, propriétaire d'un actif virtuel. Ensuite, les marchés des matières premières se situent dans un environnement psychologique. Pour faire redescendre les cours, il faudrait pouvoir convaincre le marché que l'offre disponible suffira à satisfaire la demande exprimée. Dans ces conditions, chaque reportage télévisé sur les émeutes de la faim en Afrique ou ailleurs est une bonne affaire pour les spéculateurs des *hedge funds* et un élément de tension supplémentaire sur le marché. Avec le marché des matières premières agricoles, les fonds spéculatifs jouent sur du velours. L'alimentation est, nous l'avons dit, un domaine vital. Au mois de mars 2008, le prix du riz a bondi de 31 % en une journée. L'Inde et le Vietnam ont annoncé l'interruption de leurs exportations pour répondre à la demande intérieure. On devine la suite : les spéculateurs se sont placés sur ce marché en profitant de l'envolée des prix. Ils ont ainsi agi comme des accélérateurs de

© Groupe Eyrolles

---

1. AGLIETTA, Michel, *Macroéconomie financière*, La Découverte, 2008.

conjoncture. Cette « mauvaise » conjoncture qui cristallise une demande sans cesse plus forte est d'abord alimentée par la démographie mondiale. Nous étions 1 milliard d'êtres humains sur la Terre en 1800, nous sommes aujourd'hui 6 milliards et nous serons 9 milliards dans 30 ans. La fécondité féminine baisse proportionnellement au développement de l'économie et au recul de la misère, mais la démographie se comporte comme un gros bateau. Il ne suffit pas de couper les moteurs pour arrêter le navire. L'effet de bascule actuellement constaté en matière de natalité ne se verra que dans un avenir qui appartient plutôt aux générations à venir. D'ici là, il faudra encore nourrir des bouches supplémentaires. Et sous l'effet de la demande croissante, les prix ne baisseront pas. La hausse des prix est inscrite durablement dans la démographie du monde.

▓ UNE NOUVELLE POLITIQUE AGRICOLE PEUT-ELLE FAIRE BAISSER LES PRIX ?

Nous avons vécu pendant plus de 50 ans en pensant qu'une petite partie de la planète allait pouvoir nourrir l'autre. Des agronomes, des géographes et des économistes travaillent aujourd'hui à imaginer des solutions pour répondre aux besoins croissants de nourriture humaine. Mais tous expliquent que le développement agricole est d'abord une question de temps. On peut arrêter une production d'une année sur l'autre mais, pour conduire des politiques agricoles ambitieuses à long terme en partant d'une feuille blanche, il faut mobiliser des moyens importants en infrastructures, de l'argent et de la patience. « On peut nourrir le monde, dit Jean-Michel Lemétayer, président de la FNSEA, la principale organisation syndicale du monde agricole, mais à quel prix[1] ? » Et

---

1.   Entretien avec M. Le Métayer à la FNSEA le mardi 8 juillet 2008.

dans quel cadre politique ? Aussi longtemps que les matières premières agricoles seront considérées comme des produits spéculatifs comparables aux autres, la volatilité des prix s'imposera comme la règle et nous serons, nous consommateurs, soumis aux augmentations de prix en bout de chaîne. L'autre politique possible repose sur des principes simples : garantir aux agriculteurs un certain niveau de revenu pour garantir les prix aux consommateurs. Les choix européens ont été à l'inverse. La Commission européenne estime majoritairement que les règles du marché rendront l'agriculture communautaire plus efficace. Cette question de principe engage un vrai débat sur la finalité de l'agriculture. À quoi sert l'agriculture ? L'enjeu est-il de nourrir le monde ou peut-on considérer les productions agricoles comme des produits boursiers ? En choisissant le démantèlement des organisations communes de marché qui régulaient l'offre et stabilisaient les prix, l'Europe a choisi de placer les productions agricoles dans le champ spéculatif. Le débat est loin d'être récent. Le journal *Le Monde* du 17 mai 1968 titrait en première page sous la plume du regretté François-Henri de Virieu : « Les agriculteurs envisagent de manifester contre la politique de baisse des prix européens ! » « On a perdu beaucoup de temps à ne pas défendre l'investissement agricole dans le monde, commente Jean-Michel Lemétayer. L'agriculture n'est pas une activité commerciale comme les autres. » Dans ce débat, le consommateur est souvent désarmé. Prenons le cas du marché du beurre. En moins de 2 ans, le marché est passé d'une situation excédentaire à une situation chronique de sous-capacité. Pourquoi ? Trois raisons, pour le président de la FNSEA : des prix trop bas qui ont découragé les producteurs, l'incidence climatique qui a renforcé les coûts de production et enfin l'émergence de la demande sur les nouveaux marchés asiatiques qui a fait flamber les cours. Dans les rayons des commerces alimentaires, le beurre a augmenté de 50 % en

24 mois. Pour les consommateurs européens, la hausse des prix des produits répondant aux besoins fondamentaux est douloureuse. Elle frappe encore plus durement les personnes à faible revenu. Une étude documentée montre, par exemple, que les familles monoparentales sont très directement éprouvées. Elles concentrent toutes les difficultés : un volume de revenu faible et des besoins importants liés à l'éducation des enfants et au logement.

Dans le domaine agricole, le monde paye aujourd'hui les conséquences de mauvais choix politiques. Dans les pays du Sud, et notamment en Afrique, les organisations internationales ont encouragé le développement des matières premières agricoles éligibles au champ des marchés mondiaux. L'agriculture vivrière a baissé. Sur 850 millions de personnes qui ont faim dans ce monde, 650 millions sont des agriculteurs ! Les banlieues informelles des villes africaines se gonflent de ces paysans poussés à l'exode et apparaissent aujourd'hui comme de véritables poudrières. Pour nous, Occidentaux, les prix augmentent, pour ceux-là, ce sont purement et simplement les chances de survie alimentaire qui disparaissent. À court terme, aucune solution n'a été apportée. « Il faut redéfinir une politique régionale par grandes régions », explique Jean-Michel Lemétayer.

Pour retrouver une situation vertueuse, cinq mesures simples peuvent être mises en place.

* Une politique globale d'encouragement à la diversité agricole. Il faut éviter que certaines productions moins rémunératrices, par exemple les fruits et légumes, ne soient abandonnées. Dans *Les Échos* du 7 juillet 2008, Christophe Bonduelle explique la nature de ses relations avec les producteurs agricoles : « Les agriculteurs choisissent de produire les cultures qui leur rapportent le plus. Dans le Nord et en Picardie, nous avons dû consentir des hausses de 20

à 25 % à nos fournisseurs de légumes pour ne pas les perdre. »

- Une politique communautaire résolument tournée vers un objectif double : garantir un revenu acceptable pour tous les agriculteurs et se donner toutes les chances de stabiliser les prix agricoles.

- Une simplification des modes de distribution et une réduction des coûts de transaction qui parasitent le marché. Un kilo de prunes du Sud-Ouest est acheté quelques centimes d'euro au producteur et arrive à presque 5 € sur l'étal du primeur. Inacceptable pour le producteur autant que pour le consommateur.

- Un soutien aux agricultures vivrières des pays du Sud pour que tous les paysans du monde puissent au moins vivre de leur travail.

- La maîtrise du développement des agrocarburants qui sont au fond, en termes économiques et écologiques, une mauvaise réponse à un vrai problème.

Ces mesures supposent que le niveau politique reprenne la main sur le marché, au moins dans le secteur stratégique des matières premières agricoles. Elles suggèrent aussi de considérer qu'avant d'être une activité économique, l'agriculture sert à nourrir l'humanité.

2

Concurrence ou entente concurrentielle ?

■ LA CONCURRENCE NE FAIT PAS TOUJOURS BAISSER LES PRIX

La concurrence, quand elle existe vraiment, fait baisser les prix. Le mot « concurrence » renvoie à l'idée de rivalité ou de compétition entre producteurs. La concurrence mobilise la capacité d'une entreprise à améliorer ses performances. Quand un des compétiteurs veut attirer à lui une partie de la clientèle de ses concurrents, il doit proposer un prix de vente inférieur ou un service supérieur. Il doit donc, dans un premier temps au moins, accepter de dégrader ses conditions de production et de distribution. Il doit accepter de vendre moins cher et, si ses coûts de production sont égaux à ceux de ses concurrents, il doit accepter de réduire ses profits. Les économistes libéraux soutiennent l'idée de concurrence. La notion de concurrence pure et parfaite est censée représenter le zénith du marché libre. Elle existe à plusieurs conditions : les produits proposés doivent être identiques, l'information des consommateurs assurée dans de bonnes conditions, et le nombre de vendeurs et d'acheteurs doit être élevé. Nous allons voir sur ce dernier point que les conditions d'une vraie concurrence ne sont pas réunies. Par pratique du quotidien, nous savons tous que, sur le marché, les choses ne se passent pas aussi bien que dans les livres. La concurrence appelle d'abord la volonté d'engager la compétition. Et finalement, peu de grands acteurs économiques l'acceptent. Pendant très longtemps, au cours du XXe siècle, les économistes ont soutenu l'idée que certains marchés n'étaient pas contestables. Autrement dit que les coûts d'entrée et de sortie étaient tels qu'ils interdisaient l'arrivée de nouveaux entrants. Cette théorie très confortable a permis de justifier les monopoles. Elle a servi les intérêts des entreprises au détriment de ceux des consommateurs.

L'exemple le plus emblématique est celui du transport aérien. Jusqu'à la fin des années 1970, les économistes disaient que le transport civil par avion était une activité économique non contestable, c'est-à-dire impropre à la concurrence. Les entreprises appartenaient aux États, qui fixaient les règles du jeu en termes de fréquences, de capacités, de prix et de services. Tout, y compris le contenu des plateaux-repas servis à bord, était décidé par les États, propriétaires des entreprises. La concurrence n'existait pas. Un voyageur qui souhaitait se rendre de Paris à Londres avait simplement le choix de la compagnie puisque les deux opérateurs, Air France et British Airways, proposaient le même nombre de sièges, le même nombre de fréquences et surtout les mêmes prix (élevés). Que s'est-il passé pour que les règles changent ? Aux États-Unis, les consommateurs ont commencé à se plaindre dans les années 1970. Les industriels de l'aéronautique aussi. Ils produisaient sans cesse de nouveaux avions, mieux motorisés, plus grands, mais la politique des prix élevés pratiquée par les compagnies limitait le nombre de voyageurs. Les constructeurs aéronautiques, Boeing et McDonnell Douglas, ne pouvaient pas vendre leurs avions. Face au mécontentement des usagers, en aval du transport aérien, et des fabricants d'avions, en amont, le président Jimmy Carter réalise sa promesse d'une loi de déréglementation du secteur. L'ADA (Airline Deregulation Act) organise progressivement la concurrence. Les entreprises les plus puissantes concentrent leurs avions sur les lignes les plus rentables en fermant les autres. Tous les grands acteurs se retrouvent sur les mêmes segments de marché. Il y a en effet une vraie concurrence. Mais elle ne va pas durer. Pourquoi ? Comme toutes les capacités se retrouvent sur les mêmes lignes, le marché devient surcapacitaire. Autrement dit, on recense trop de capacités pour la demande. Du coup, les entreprises baissent les prix pour remplir leurs avions. Mais les plus faibles disparaissent en raison de résultats médiocres et les plus grosses rachètent les plus petites. La concurrence tue les faibles et renforce les puissants qui peuvent ainsi reconstituer des situations de duopole ou à défaut de domination leur permettant de jouer le rôle du *price maker* (« faiseur de prix »). La concurrence réelle a duré le temps de cette phase de consolidation et les survivants peuvent à nouveau dominer le marché. Le consommateur y a-t-il gagné ? Gardons-nous des jugements de valeur pour ne retenir que les prix. Dans le secteur du transport aérien, les prix ont baissé grâce à des outils de gestion comme la segmentation tarifaire, mais toutes les compagnies proposent les mêmes produits aux mêmes prix : un Paris-Londres est proposé au même prix par les deux opérateurs principaux quand les billets sont achetés au même moment. Pour les vols long-courriers, Paris-New York est proposé aux mêmes conditions tarifaires par Air France, American Airlines ou Delta Air Lines. La concurrence existe, mais elle ne produit plus aucun effet, comme si tous ces opérateurs s'étaient entendus sur les prix. Cette petite leçon de choses dans le secteur du transport aérien réputé concurrentiel vaut pour de nombreux autres marchés : la téléphonie mobile, les offres Internet, les carburants, etc.

Dans le secteur de la distribution alimentaire, les variations de prix ne jouent qu'à la marge. Les produits de base proposés par les grandes marques, hors le secteur du hard discount, sont vendus dans une fourchette de prix étroite. Trois raisons principales expliquent ce consensus des prix :

- les grandes enseignes se sont « naturellement » réparties le territoire national ;
- dans les villes, elles occupent des positions dominantes en respectant les zones de chalandise des concurrents ;
- la grande distribution achète ses produits auprès des mêmes industriels, à des conditions comparables. La négociabilité était, jusqu'à la loi sur la modernisation de l'économie (LME), très encadrée.

Dès lors, la concurrence est imparfaite. Le cabinet Asterop, qui a mené sur le sujet une enquête documentée publiée en 2008, estime que la concurrence ne joue vraiment que dans 13 % des territoires. C'est évidemment très insuffisant pour faire baisser les prix. Nous allons revenir sur tous ces points en les détaillant, nous examinerons également la réglementation de l'urbanisme commercial et les dispositifs législatifs qui ont été pendant longtemps des barrières à une vraie concurrence.

L'ALLEMAGNE, LE DÉFI ALIMENTAIRE DE LA RECONSTRUCTION

Pour commencer, comparons. Comparons notre situation commerciale et concurrentielle à celle de l'Allemagne, un autre grand pays européen, où les prix au détail sont inférieurs de plus de 10 % aux nôtres. En 1947, l'Allemagne dévastée entame sa reconstruction. Les villes ont été détruites par la guerre. Plus encore qu'en France, le défi alimentaire consiste à nourrir les habitants des villes en reconstruction. La mode est aux magasins syndicaux. Il s'agit de magasins qui proposent les produits de base et consentent, en fin d'année, une ristourne proportionnelle au volume des produits achetés pendant l'année. Les frères Albrecht, Theodor et Karl, sont issus d'une famille de commerçants. Ils prennent la mesure de la situation et ouvrent dès 1947 leur premier magasin de distribution alimentaire sous le nom d'Aldi, abréviation d'Albrecht discount. Le concept est minimaliste mais efficace : 600 m² de magasin, stockage compris et les 600 références correspondant aux besoins fondamentaux. Les magasins Aldi ne laissent aucun espace pour la tentation. Le contexte ne s'y prête pas. Les magasins sont prioritairement installés sur des territoires périphériques où le prix du foncier est abordable. On considère chez Aldi que le consommateur peut se déplacer pour trouver des prix très bas. Les frères Albrecht reprennent l'idée des ristournes portée par les magasins syndicaux mais ils l'adaptent. Les ristournes sont directement comprises dans le prix de vente. Les étiquettes sont plus attractives tout au long de l'année. Dès les premières années, la chaîne allemande applique une règle simple qui marque durablement l'esprit des consommateurs allemands : « *Qualität ganz oben, preise ganz unten* », « une qualité supérieure, des prix inférieurs. » Les Allemands plébiscitent l'enseigne Aldi. Son développement est très rapide. Dès lors, les frères Albrecht vont affiner leur stratégie et mettre à profit leur croissance. Le modèle économique qui permet de proposer des prix toujours inférieurs à la concurrence repose sur des principes de bon sens :

- rester fidèle à son image et dupliquer partout le même modèle ;
- pour compresser les coûts de logistique et de transport, Aldi applique une stratégie qui sera reprise plus tard par Wal-Mart aux États-Unis : 1 entrepôt pour 70 à 80 magasins, situé à moins de 200 km du plus éloigné des magasins ;
- une livraison par jour et par magasin. Si une seconde livraison quotidienne est nécessaire, l'enseigne ouvre un second magasin à quelques kilomètres du premier ;

- des contrats de longue durée sont proposés aux fournisseurs. L'enseigne traite de très gros volumes. Elle passe contrat avec un seul fournisseur par famille de produits et obtient ainsi des prix très attractifs. Les produits proposés sont de qualité. Ils répondent à un cahier des charges exigeant. Les Allemands, très amateurs de charcuterie, ne supporteraient pas des jambons ou des saucisses de qualité médiocre. Le contrat proposé aux fournisseurs est donc simple : des produits de qualité standard, comparables aux produits des marques, sans frais de marketing ou de publicité, et des volumes élevés permettant de maximiser les rendements d'échelle ;

- un service minimaliste. Les magasins Aldi sont sobres et sans luxe. Les produits sont proposés sur des palettes et le personnel (8 personnes par magasin) est polyvalent. Les hôte(sse)s de caisse font aussi la réception des marchandises et la mise en rayons. L'économie du « pas cher » est à ce prix.

LE HARD DISCOUNT, 41 % DES PARTS DE MARCHÉ EN ALLEMAGNE

Grâce à sa stratégie, Aldi est devenu le distributeur référent des consommateurs allemands. 99 % des Allemands y vont au moins une fois par an. L'enseigne compte 15 000 points de vente en Allemagne. Après la chute du mur de Berlin, en 1991, Aldi s'est développé sur le territoire de l'ancienne République démocratique, où la faim de consommation était immense. Le groupe réalise 22 milliards d'euros de chiffre d'affaires (en France, Système U, avec moins de 10 % des parts de marché, pèse 16 milliards d'euros). L'autre grand discounter allemand, Lidl, a utilisé les mêmes recettes : une offre minimaliste qui tend maintenant à associer des marques aux produits « maison » et une grande exigence de qualité. Le hard discount ou maxi-discount représente 41 % des parts de marché de la distribution alimentaire en Allemagne contre 15 % en France (voir graphique). Le panier de la ménagère s'en ressent très sensiblement. En janvier 2007, le journal économique *La Tribune* s'était livré à un exercice de comparaison des prix sur 11 produits de base. Le différentiel de prix était à l'époque de 30 %. Pour ces 11 produits, un consommateur allemand dépensait 21 € contre 30 pour un consommateur français. Pourtant, l'Allemagne venait d'augmenter sa TVA de 4 % et l'inflation y était à l'époque supérieure à la nôtre (3 % contre 2,1 %).

**Structure comparée des marchés alimentaires
en France et en Allemagne**

Allemagne	France	
Hard discount 41 % PDM	Hard discount 15 % PDM	Le panier moyen de 11 produits (enquête du journal économique *La Tribune*)
Grande distribution 59 % PDM (incluant des MDD)	Marques de distributeurs 40 % PDM	
	Grandes marques 45 % PDM	Panier moyen pour 11 produits de base **21 €** / Panier moyen pour 11 produits de base **30 €**

Lidl a été fondé en 1973. L'enseigne n'arrivera en France qu'en 1988, dans la ville de Colmar. Lidl s'est d'abord efforcé de reprendre les recettes du succès éprouvées par son aîné Aldi : 700 m² pour un assortiment de 700 à 1 000 références. Lidl privilégie aussi la politique d'arrivages. Vêtements, petit électroménager, loisirs, bricolage, les bonnes affaires côtoient les rayons habituels de « sec » et de fruits et légumes. En France, Lidl est devenu le n° 1 du secteur du hard discount en adaptant son modèle aux habitudes locales. Plus de fruits et légumes qu'en Allemagne et dans certains cas la cohabitation de marques internationales connues auprès des produits maison pour dissuader les consommateurs d'aller compléter leurs achats dans les enseignes classiques. En 2007, les marques Fructis, Dove, Ariel ou Pringles ont obtenu droit de cité dans les rayons du hard discounter. La question posée aux dirigeants de Lidl est maintenant de savoir où placer le curseur pour rester fidèle au concept de départ : l'essentiel et rien que l'essentiel.

Parts de marché du hard discount en France

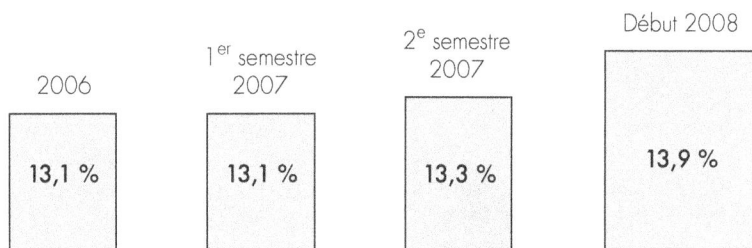

2006	1er semestre 2007	2e semestre 2007	Début 2008
13,1 %	13,1 %	13,3 %	13,9 %

De 2006 à 2007, la stagnation du hard discount s'explique notamment par les campagnes massives de communication et de publicité menées par les enseignes classiques pour contrer l'émergence du phénomène maxi-discount. L'intensité du débat sur le pouvoir d'achat se traduit par un recours significatif au hard discount. Plus le débat sur les prix est intense, à partir du milieu 2007, après l'élection de Nicolas Sarkozy à la présidence et son discours sur le « président du pouvoir d'achat », plus la sensibilité des consommateurs aux petits prix semble se confirmer. Le déplacement de clientèle du secteur traditionnel vers le maxi-discount à hauteur de 0,6 % de parts de marché est incontestablement un marqueur de tendance et doit être corrélé à la montée en puissance plus ancienne des MDD, les marques de distributeurs, produits sans marque, concurrents des produits des marques classiques.

LE SUPERMARCHÉ, MODÈLE DE LA TENTATION

À chacun son histoire, à chacun son modèle. L'Allemagne a développé un modèle simple, facile à mettre en œuvre pour faire face aux défis que lui imposait sa situation historique. La France a certes été occupée et malmenée jusqu'en 1945, mais ses villes, à quelques exceptions près, n'ont pas toutes été rasées. La France de l'après-guerre peine aussi à acheminer les denrées alimentaires de base vers les villes, mais elle y parvient au moins partiellement. Le « petit commerce » a survécu. C'est lui qui domine le marché dans un univers de consommation spartiate : l'alimentation des Français à cette époque se résume à quelques légumes frais, à des féculents, un peu de viande, de la charcuterie, du fromage et des fruits de saison. On fait « ses commissions » au jour le jour, en petite quantité, chez le primeur ou l'épicier du coin. Pas question de stocker car non seulement les réfrigérateurs ne sont pas encore entrés massivement dans l'univers domestique, mais les volumes proposés sont encore modestes. La situation du pays va basculer progressivement à partir de 1955. Et les orientations choisies vont durablement peser sur notre modèle de consommation et par conséquent sur le prix du panier de la ménagère. Au moment où l'Allemagne se tourne vers un modèle minimaliste, les pionniers de la distribution française lorgnent vers le modèle américain du supermarché. Ce concept du « tout sous le même toit » a très profondément marqué nos habitudes de consommation et notre psychologie de consommateur. Il est pour partie responsable de notre insatisfaction actuelle puisqu'il est par nature le royaume de la tentation !

L'homme qui a le premier imaginé la formule du supermarché est un Américain d'origine colombienne, Bernardo Trujillo, cadre commercial chez NCR, un fabricant de caisses enregistreuses. L'intérêt commercial immédiat de l'ingénieux Bernardo Trujillo le conduit à imaginer un endroit où il pourrait vendre non pas 2 ou

3 caisses enregistreuses, mais des dizaines. C'est l'idée du super-marché, c'est-à-dire, littéralement, de l'espace commercial où le consommateur trouvera tout sous un même toit, autrement dit un grand marché. Aux États-Unis le concept est pertinent dès les années 1950, dans un pays qui n'a pas de centre-ville comme en France et qui entre de plain-pied dans la civilisation de la voiture.

Les quatre règles de départ du supermarché sont simples :

- no parking, no business ;
- empilez haut et vendez bas (en d'autres termes, utilisez toute la hauteur disponible) ;
- un îlot de perte dans un océan de profit ;
- enfin, faites du spectacle, toujours du spectacle et encore du spectacle...

Quelques pionniers français vont écouter attentivement les conférences théâtrales de Bernardo Trujillo. Le représentant NCR commence ses séminaires en levant son verre à tous ceux qui vont disparaître pour avoir ignoré les nouvelles règles du commerce. Le modèle qu'il propose est en effet très performant.

▦ LECLERC INVENTE LE DISCOUNT

Pour Édouard Leclerc, qui a commencé en 1949 avec seule-ment 5 000 F en poche et des palettes de biscuits vendus 30 % moins cher dans sa petite boutique de Landerneau, Bernardo Trujillo tombe à point nommé. Édouard Leclerc est scandalisé par les marges des intermédiaires sur le marché français. Son combat pour les prix bas relève aussi d'un idéal de justice sociale. Les grands modèles économiques reposent sur des idées. Chez Édouard Leclerc, ils s'adossent à des valeurs. Faire baisser les prix pour distribuer du bien-être au plus grand nombre. Le combat d'Édouard Leclerc pour le discount sera messianique. Et le jeune chef d'entreprise à la tête de ses troupes va gagner ses armes de noblesse en ferraillant contre les féodaux du commerce français. Édouard Leclerc fait condamner les fournisseurs qui refusent de le livrer. C'est le délit pour refus de vente. En 1973, en pleine expansion de la grande distribution française, la loi Royer protégeant les petits commerçants est insuffisante pour retarder la marche en avant du commerce de grande échelle. Le combat est politique. La droite française protège son électorat de petits commerçants et d'artisans, mais ce choix comporte aussi un prix : l'envolée de certaines étiquettes comme celles des produits de boulangerie et des produits frais. La France conserve pour partie sa culture de boutiquiers, sans doute nostalgique de l'époque où les commerçants pouvaient faire les prix à la tête du client. La (re)lecture du roman d'Émile Zola *Au bonheur des dames* donnera un aperçu de ce commerce sauvage entièrement dominé par la politique de l'offre. Heureusement les temps ont changé. Nous verrons plus loin comment la réglementation est un outil efficace pour faire baisser les prix, mais revenons sur le modèle français, celui du supermarché ou de l'hypermarché[1]. Les supermarchés et hypermarchés disposent d'un très fort pouvoir d'attraction. C'est le modèle dominant développé par les distributeurs français : Leclerc, Système U pour les indépendants, Carrefour, Auchan et Casino pour les groupes financiers ou cotés en Bourse. En novembre 2003, Paul-Louis Halley estimait que sans les barrières réglementaires, « la France compterait deux fois plus d'hypermarchés qu'aujourd'hui[2] ». Est-ce vraiment le débat ? Nous avons en France par rapport à nos grands voisins européens un nombre record de mètres carrés commerciaux.

---

1. 2 000 m² pour le supermarché, 4 000 m² pour le très grand supermarché et 5 000 m² et plus pour l'hypermarché.
2. CARLUER-LOSSOUARN, Frédéric, et DAUVERS, Olivier, *La Saga du commerce français*, Éditions Dauvers, 2004.

▪ L'HYPERMARCHÉ, UN MODÈLE PAR NATURE INFLATIONNISTE

L'augmentation du périmètre commercial a-t-elle un sens en France? Le marché n'a pas besoin de volumes supplémentaires, il a besoin de pluralisme et d'une politique de prix mieux pensée et mieux maîtrisée. Le plongeon de Carrefour à la Bourse de Paris en juillet 2008 sanctionne, entre autres, une mauvaise politique prix/produit. La politique de prix bas associée à des produits d'entrée de gamme a montré ses limites. Les distributeurs français doivent radicaliser leur stratégie de MDD (marques de distributeurs) associant un prix bas à un bon niveau de qualité. Quand on regarde l'histoire récente de la grande distribution en France, que voit-on ? Que certaines enseignes historiques se sont éloignées du modèle de départ pour finalement s'embourgeoiser. Du marbre dans les galeries commerciales, des offres larges et redondantes, des cartes de fidélité, des services financiers. Tous ces services font grimper les prix et complexifient un modèle simple. Ils nous éloignent de la promesse du père fondateur Édouard Leclerc, plaidant en son temps pour le rôle social de la distribution, une philosophie presque fordiste et redistributrice. « Le commerçant et le distributeur n'ont pas le même projet, écrit-il dans la préface du livre *La Saga du commerce français*. Le commerçant a pour finalité de vendre le plus cher possible. Le distributeur, cherche, lui, à vendre le moins cher possible au plus grand nombre[1] ». Dans les hypermarchés, le secteur du non-alimentaire, souvent absent des premiers magasins, a pris une part presque égale à celle des produits alimentaires en termes de surface au sol. C'est ce secteur qui représente, à proprement parler, la part de la tentation. On va au supermarché pour remplir son réfrigérateur et ses placards, puis on en revient avec des

---

1. *Ibid.*

vêtements, des accessoires automobiles, de la jardinerie, de la parfumerie, des produits culturels et musicaux, des gadgets... La part du non-alimentaire charge le ticket de caisse et donne le sentiment d'un chariot finalement cher. « En ces temps de vaches maigres, analyse Jean-Pierre Compère, du groupement Intermarché, le client qui sort frustré d'un hypermarché est peut-être perdu. En revanche, le consommateur qui sort d'un discounter avec un sentiment de frustration est un consommateur gagné dans la mesure où pour lui, c'est l'imprégnation du ticket de caisse qui sera la plus forte. Les hypers sont confrontés à un paradoxe opérationnel. Plus leur marketing les aide à remplir le chariot, plus il met l'enseigne en danger ! »

Répartition des mètres carrés consacrés à l'alimentaire et au non-alimentaire

INTERMARCHÉ	LECLERC	CARREFOUR
A/90. NA/10	A/70, NA/30	A/60. NA/40

Indice de CA au mètre carré

A = 1.00
NA = 0.50

Le rendement du mètre carré alimentaire est deux fois supérieur au mètre carré non alimentaire.

Pour les magasins, le rendement au mètre carré commercial est deux fois supérieur pour la partie alimentaire. C'est sur le terrain du fond de placard et des produits frais que les enseignes rivalisent en termes de guerre des prix. La politique du « tout sous le même toit » est donc par nature inflationniste. Elle met en danger le modèle de l'hypermarché et ce danger est radicalisé en période de tension sur les prix. Les hard discounters ont compris le poids psychologique d'un ticket de caisse modeste.

Ils refusent d'élargir leur gamme et restent concentrés sur leur cœur de métier : la réponse aux besoins fondamentaux.

▩ MORTS POUR QUELQUES CENTIMES...

La fidélité au modèle de départ est en ce sens une garantie de pérennité. Les enseignes qui ont oublié la politique du discount ont été chassées du marché. Euromarché, dirigé dans les années 1980 par un banquier, Mammouth, Félix Potin, ces marques et ces enseignes ont été rachetées ou ont disparu, faute d'avoir été rigoureuses sur la question des prix. Euromarché voulait augmenter son résultat en ajoutant discrètement quelques centimes de franc sur chacune de ses étiquettes. Sa clientèle s'en est aperçue et l'a finalement abandonné. Ses dirigeants ont dû céder les actifs du groupe à l'enseigne concurrente Carrefour. Quelques années plus tôt, à l'initiative d'Étienne Thil, un autre auditeur de Bernardo Trujillo, Carrefour avait lancé les « produits libres », premiers produits symboliques de la guerre des prix. Dans ce paysage où il est bien difficile de faire cohabiter la tentation et les exigences du pouvoir d'achat, quelques enseignes résistent et présentent des particularités. Les magasins Intermarché restent attachés au modèle de surfaces de vente moyennes, essentiellement consacrées à l'alimentaire, l'enseigne Système U, puissante dans l'ouest et dans l'est de la France, développe un modèle original adapté à sa localisation géographique : le grand supermarché des petites villes (environ 2 000 m² contre 5 000 et plus pour les hypermarchés). Système U, issu du modèle coopératif, a choisi de renforcer sa stratégie mixte, alimentaire et non alimentaire, après avoir étudié les besoins de sa clientèle ; une clientèle rurale, provinciale, souvent éloignée des grandes villes et finalement soucieuse de trouver une offre non alimentaire complémentaire de celle du commerce local.

■ CONCURRENCE DES ENSEIGNES OU ENTENTES STRATÉGIQUES ?

En « poussant à la consommation », la typologie dominante de la distribution alimentaire en France donne l'impression de vie chère. Mais, ce n'est souvent qu'une impression, car ce sont les tentations qui augmentent et non les besoins. Le pouvoir d'achat, lui, ne baisse pas, même s'il est vrai qu'il n'augmente pas de la même façon pour tout le monde. Laissons à part le débat sur le modèle dominant développé par la grande distribution alimentaire en France pour en revenir à la promesse de l'économie de marché : la concurrence entre les différents opérateurs doit faire baisser les prix. À ce stade, plusieurs questions se posent.

« Faut-il plus de grandes surfaces en France ? » comme se le demande le journal *Le Parisien* du 26 mai 2008. La France, affirme l'économiste Christian Jacquiau, cité par le journal, bat déjà tous les records de densité des hypermarchés en Europe. Le nombre de grandes surfaces a explosé, dit-il, pour atteindre 1 400 magasins. À l'inverse, l'institut d'étude Asterop, spécialisé dans le secteur de la grande distribution, estime que la marge de progression est encore importante. Selon Asterop, il existe un potentiel de développement de 16 millions de mètres carrés, dont 7 millions pour la distribution généraliste.

La concurrence est-elle réelle et sincère ? C'est sur ce point que porte le débat le plus vif. Pour Asterop, les enseignes se sont réparti le territoire et gèrent des situations de monopole ou de duopole. Elles pratiquent en réalité l'entente tarifaire. Pire encore, quand elles sont installées dans une même ville, elles se répartissent les zones de chalandise. Il convient ici de nuancer le propos en rappelant que la concurrence est toujours limitée par des normes de gestion. Certains bassins de population ne sont pas éligibles au pluralisme commercial pour des raisons qui tiennent simplement au volume de la demande. Selon Asterop, la concurrence n'existe que dans 13 % des territoires tandis que pour UFC-Que choisir, le marché concurrentiel est satisfaisant dans 27 % des cas. C'est toujours très peu ! À l'évidence, chaque enseigne s'est prioritairement développée autour de son bassin de naissance. Auchan dans le Nord, autour du premier magasin de l'enseigne dans le quartier des Hauts Champs à Roubaix, puis dans toute la grande région ; Leclerc, autour des magasins historiques de Bretagne puis dans le reste du pays ; Système U en Vendée et sur la côte Atlantique, et plus tard dans l'Est ; Casino au sud de Saint-Étienne, lieu de naissance de l'enseigne ; Cora dans l'Est… les magasins Intermarché autour des premiers adhérents de la marque, après la scission du groupe Leclerc entre son fondateur et Jean-Pierre Le Roch en 1969. Chaque enseigne porte son histoire et son bulletin de naissance dans sa localisation géographique. Toutes les marques de distributeurs citées sont installées partout sur le territoire national, mais c'est la densité de l'implantation commerciale et les situations dominantes qui ont retenu l'attention des enquêteurs d'Asterop. Et que nous apprend cette enquête sur notre pouvoir d'achat ?

▪ ZONE DE VIE OU ASSIGNATION À RÉSIDENCE ?

Pour vraiment comprendre ce qui se passe sur le terrain, Asterop a donné la priorité à la logique des territoires. Mais pas n'importe quels territoires ! Christophe Girardier, le président d'Asterop, rappelle que « les départements français ont été découpés sous l'Empire avec un principe simple pour en trouver les frontières : pas plus d'une journée de cheval à partir du chef-lieu ». La particularité méthodologique et la pertinence de la démarche tiennent à la redéfinition de la notion de territoire en zone de vie. Nous avons tous constaté que les frontières des

Un partage du territoire

Les 6 principaux groupes leaders par zone de vie

Leader : une enseigne qui détient une part de marché de plus de 25 %
et un écart de 15 points avec la seconde.

Zone de vie : un bassin de consommation où sont observés les actes de la vie
courante des consommateurs (courses, emploi, santé, culture, services régaliens…).

Groupe Carrefour
(119 zones de vie)

Groupe Leclerc
(101 zones de vie)

Groupe Système U
(57 zones de vie)

Groupe Mousquetaires
(46 zones de vie)

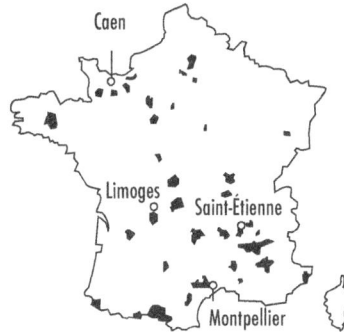

Groupe Auchan (17 zones de vie)   **Groupe Casino** (13 zones de vie)

Publié par *Le Monde*. Source : Asterop.

départements peuvent être fictives. Elles ne sont pas toujours structurantes de notre vie. Par exemple, on peut aller faire ses courses de l'autre côté d'une limite départementale parce que le supermarché le plus proche est de l'autre côté de la « frontière ». Dans une France qui ressemble à un millefeuille administratif et politique, les agents économiques s'organisent en fonction du critère de l'attractivité. « La zone de vie, dit Christophe Girardier, c'est un territoire organisé autour d'un pôle d'attraction qui justifie son attractivité. » Il en existerait 629 en France, dont 300 sont inclus à l'intérieur des 10 principales agglomérations. L'attractivité (qu'on peut aussi considérer comme de la captivité) se mesure au facteur de mobilité des individus et par conséquent à l'accessibilité, aux équipements commerciaux, aux services régaliens, à la culture et à l'attractivité en matière d'éducation. Les zones de vie fonctionnent ainsi comme des univers intégrateurs et centripètes, de véritables aspirateurs à consommateurs. Pour dire les choses simplement, on ne leur échappe pas. Et c'est dans ces territoires, dont le périmètre est distinct des unités administratives, que l'intensité de la concurrence doit être évaluée.

▦ LA CRISE DU PÉTROLE RADICALISE LES INÉGALITÉS TERRITORIALES

Les Français les plus modestes ne choisissent pas leur territoire, ils le subissent. L'assouplissement des conditions du crédit associé à une politique volontariste de l'État a poussé de nombreux Français à accéder à la propriété. Ces familles se sont écartées des centres-ville pour acquérir leur résidence principale à crédit. Dans les très grandes villes, elles vivent non pas en proche banlieue, mais dans la deuxième ceinture ou dans les petites villes et les villages de l'ultrapériphérie. Dans les villes moyennes et dans les métropoles régionales moyennes, les foyers modestes sont devenus des « rurbains » : ils vivent à la campagne et travaillent en ville. Cette mutation n'a été rendue possible que grâce à l'avènement de la civilisation de l'automobile. Pour ces Français, la flambée des cours du pétrole représente un choc sans précédent en matière de revenus. Plaçons-nous dans l'hypothèse d'un litre de super ou de gazole entre 1,30 € et 2 €, comme nous le promet à terme une partie de la communauté financière. Pour tous ceux qui ont à se déplacer en véhicule privé pour se rendre à leur travail, la part du transport pourrait rapidement représenter entre 15 et 20 % du revenu net sur la base d'un salaire net inférieur au salaire médian français (environ 1 500 € net). Ces Français vont devenir peu à peu captifs de leur géographie immobilière.

—————— Cas de M. Marc ——————

Prenons le cas de M. Marc. 2 000 € de salaire net avec les revenus de son épouse, 2 enfants scolarisés et une maison acquise en 1998, au nord-est d'une grande ville de province. Examinons maintenant la situation concurrentielle des enseignes autour de cette capitale régionale : 3 grandes enseignes se disputent le marché en marge des surfaces moyennes et des discounters installés dans des zones commerciales.

————————————— .../...

...⁄...

La concurrence paraît réelle et sérieuse. Pourtant, M. et Mme Marc n'ont pas le choix. Ils ont longtemps comparé les prix et fait jouer la concurrence entre les 3 hypermarchés, mais ils se demandent aujourd'hui s'il est vraiment utile de traverser la ville au prix de kilomètres supplémentaires pour des écarts de prix très marginaux. L'augmentation des coûts de transport a radicalisé les inégalités territoriales. M. et Mme Marc sont **assignés à résidence** dans la partie de périphérie correspondant au plus court chemin.

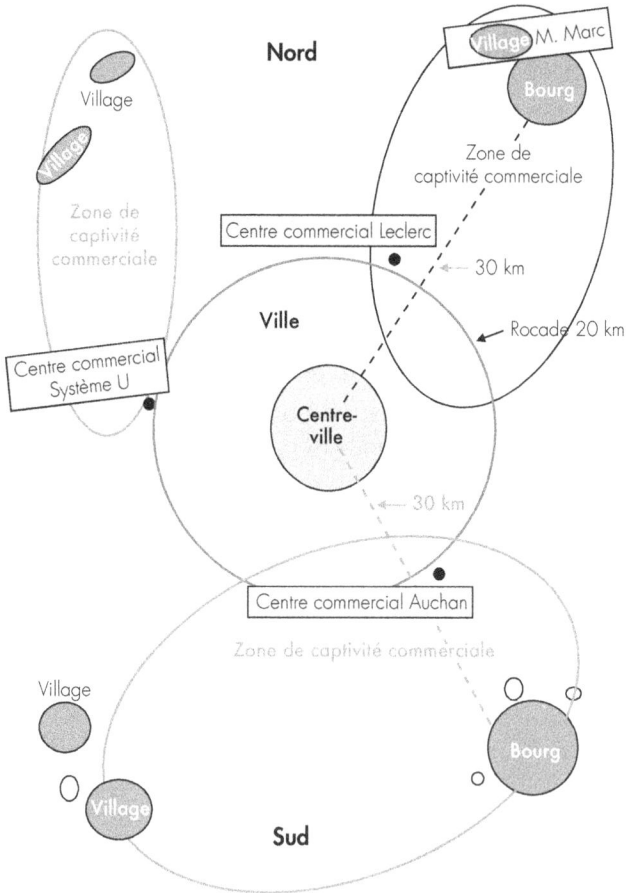

Cette grande agglomération régionale est organisée autour d'un centre, d'une banlieue et d'une grande banlieue constituée de très petites villes et de villages. La deuxième ceinture est située entre 30 km et 40 km du centre-ville. En fonction de leur lieu de résidence autour du moyeu, les consommateurs sont captifs de la localisation géographique des enseignes. Le renchérissement des prix de l'essence radicalise cette « **assignation à résidence commerciale** ».

■ QUI FAIT QUOI ? OÙ SONT LES VRAIS GAGNANTS ?

Comme nous l'avons dit, la concurrence pure et parfaite n'existe que dans les livres d'économie. Il s'agit d'un fantasme théorique. Mais, si le bien absolu n'existe pas, le mal absolu n'existe pas plus. Les consommateurs constatent chaque jour que les prix se ressemblent. Les écarts de prix sont en réalité marginaux quand on compare les étiquettes dans des surfaces commerciales équivalentes. Ce constat ne veut pas dire que les enseignes se sont entendues sur les prix. L'alimentaire n'est pas le téléphone. Dès lors, s'il n'existe pas d'ententes tarifaires, comment expliquer la proximité des prix ? Les grandes enseignes de la distribution alimentaire vendent les mêmes produits, des mêmes marques, achetés auprès des mêmes fournisseurs, dans des conditions tarifaires voisines et avec des coûts de distribution à peu près équivalents. Comment les prix pourraient-ils être différents à l'arrivée ? Les multinationales représentent 70 % des fournisseurs de la grande distribution : Nestlé, Unilever, Procter & Gamble, Danone, Kraft Foods. Ces entreprises ont-elles souffert de la flambée des cours des matières premières agricoles ? C'est l'inverse qui s'est produit. Ces entreprises mondiales ne se sont jamais aussi bien portées. Elles enregistrent des profits exceptionnels. Observons les résultats enregistrés par les multinationales propriétaires des marques pour bien en saisir la portée.

▓ « MA PETITE ENTREPRISE CONNAÎT PAS LA CRISE ! »

Nestlé, n° 1 mondial de l'agroalimentaire : en 2007, pour reprendre l'expression du site *www.boursier.com*, Nestlé a « crevé le plafond ». Les ventes ont progressé de 8 %, ce qui est énorme à périmètre constant. La marge opérationnelle du groupe est passée de 11 à 14 % en 7 ans. La marge opérationnelle résulte du jeu des seuls facteurs de production. Elle ne prend pas en compte les événements exceptionnels de l'activité, pas plus que les charges financières ou le versement de la participation aux salariés. La marge opérationnelle exprime donc très fidèlement le prix de la transformation d'un produit brut en un produit fini ou semi-fini. L'achat des matières premières y occupe une place très importante. Ainsi donc, en dépit de l'envolée des prix des matières premières agricoles, Nestlé réalise des profits en hausse.

Danone, leader d'image, fondé par Antoine Riboud, est dirigé aujourd'hui par son fils Franck. Danone a-t-il souffert de la hausse des prix du lait ? Écoutons Franck Riboud cité par son propre site Internet : « 2007 a été une année historique pour Danone… et une année de croissance rentable. Malgré quelques forts vents contraires, Danone est en effet une fois encore au rendez-vous des objectifs ambitieux qu'il s'était fixés avec notamment une nouvelle année record pour les produits laitiers frais. » Pour les actionnaires, le dividende par action augmente de 10 %.

Procter & Gamble (marques Ariel, Always, Braun, Duracell, Gillette, Febreze, Mr. Propre, Mont Blanc, Crest, Bounty) et Unilever (marques Amora, Axe, Sun, Knorr, Timotei, Signal, Planta fin, Omo, Dove, Rexona, Cif…) réalisent eux aussi d'excellents résultats. Kraft Foods, spécialiste mondial du café et du chocolat, gagne 10 % de chiffre d'affaires et le titre de la compagnie progresse de 23 % en 2007. Kraft anticipe une hausse de ses revenus en 2008 de l'ordre de 5 %.

Les multinationales de l'agroalimentaire et du non-alimentaire, toutes pourvoyeuses de marques dans les rayons de la grande distribution, représentent 70 % des linéaires. Elles sont à ce stade incontournables. Aucune des grandes enseignes ne prendra le risque de se priver d'une marque leader comme Coca-Cola, les savons Dove ou les rasoirs Gillette. Au moment de la négociation des prix de cession, le rapport de forces est clairement en faveur des industriels. Michel-Édouard Leclerc, qui s'était essayé à boycotter certaines marques en raison d'augmentations de prix unilatérales, a dû faire machine arrière. Leclerc, comme les autres, en dépit de sa puissance de feu commerciale, est soumis à une forme de droit de cuissage économique. La tendance pourrait toutefois s'inverser. Les consommateurs vont peu à peu arbitrer leurs dépenses et se reporter sur des produits d'entrée de gamme ou sur les MDD, les marques de distributeurs. À l'été 2008, les cotations boursières des géants de l'agroalimentaire plongeaient dans le rouge. Le temps des vaches maigres a peut-être commencé pour les marques. Le périmètre commercial encore occupé par de très grandes marques pourrait ainsi se réduire et celui des MDD s'étendre dans les années à venir.

FAUSSE PISTE ?

Le grand combat politique contre la vie chère qui a consisté à désigner les coupables dans la grande distribution se serait donc en partie trompé de cible. Loin de la caricature, l'examen objectif du marché appelle quelques nuances.

- Les enseignes observent une situation de *statu quo* contraire à l'esprit de concurrence.
- Il manque des mètres carrés commerciaux à certains endroits dans des proportions variables. N'oublions pas la leçon du transport aérien : la surcapacité conduit inévitablement à la

disparition des plus petits et finit par reconstituer des situations dominantes sur les segments les plus fréquentés.

• Le résultat net moyen après impôt d'une grande surface varie entre 1 et 3 % du chiffre d'affaires. Les résultats des grands fournisseurs sont très supérieurs et portent sur des volumes sans comparaison avec ceux d'un hypermarché, fût-il parmi les plus grands de France. Pour nous en convaincre, observons le compte d'exploitation simplifié d'un grand supermarché.

Compte d'exploitation type d'un supermarché moyen de 1 700 m² employant environ 35 salariés et proposant 10 000 références

Chiffre d'affaires	10 M€
Achat pour revente	8 M€
Salaires et charges	0,9 M€
Charges externes	0,8 M€
Résultat	**0,3 M€**

Le résultat de 0,3 million d'euros peut être distribué aux actionnaires, ou le plus souvent réinvesti dans le magasin sous forme de rénovation ou d'entretien. Le chiffre d'affaires retenu s'entend hors carburants et TTC. Sur les carburants distribués dans les hypers et les supermarchés la marge des magasins est nulle.

• Les enseignes de la grande distribution ont développé leurs marques propres, les MDD, les marques de distributeurs, pour proposer une alternative aux produits leaders des grandes marques. Elles distribuent les produits des marques internationales à marge très faible et dans certains cas à marge 0. Dans la grande distribution classique, les marques de distributeurs représentent 33 % de parts de marché et 25 % en valeur. Une règle de trois permet immédiatement de mesurer qu'elles sont en moyenne 25 % moins chères que les marques internationales.

Tous ces éléments font apparaître que la campagne menée contre la grande distribution est pour partie injuste ou à défaut mal documentée. Les dirigeants des enseignes ne sont pas des anges. Ils savent à l'occasion utiliser leur taille pour imposer leurs conditions aux PME, mais ils leur offrent toutefois l'accès à des marchés importants. L'obsession de prix toujours plus bas se paie par l'étranglement des faibles. Les conséquences ne sont pas seulement psychologiques, elles se mesurent en emplois perdus ou sacrifiés, en salaires bloqués... Tout finalement se paye. Que le payeur s'appelle consommateur ou salarié ! Sur la question particulière des prix de vente aux consommateurs, nul miracle n'est à attendre. Je ne crois pas un instant à la thèse des ententes tarifaires organisées dans les coulisses par quelques dirigeants de la grande distribution. Je constate en revanche que toutes les enseignes achètent les mêmes produits aux multinationales de l'alimentaire ou de l'électroménager, dans des quantités comparables et dans un cadre juridique égal. La présence de plusieurs enseignes sur un même territoire n'est pas une garantie absolue de baisse des prix. Quel consommateur accepterait d'ailleurs aujourd'hui de traverser une ville pour acheter un pack de yaourts 5 centimes moins cher ?

■ L'ÉTAT PEUT-IL LIMITER LA HAUSSE DES PRIX DANS LES SUPERMARCHÉS ?

En France, le pouvoir politique a cette fâcheuse habitude de donner des bons et des mauvais points aux acteurs du jeu économique. C'est l'État moral. Pendant son court séjour au ministère de l'Économie et des Finances, Nicolas Sarkozy ne s'est pas privé des attributs de ce magistère. La théâtralisation qui a entouré le débat sur le rôle des grandes surfaces dans le domaine des prix a conduit l'opinion sur des pistes incertaines. On a instruit à charge puis on s'est arrangé pour mobiliser tous les arguments, y compris les plus discutables, qui allaient dans le sens choisi. Pourtant, à y regarder de plus près, le pouvoir politique n'est pas sans responsabilité dans l'augmentation des prix. L'Insee, organisme officiel, a livré un intéressant rapport sur l'impact de la loi Galland votée en 1996 sur les prix. « La loi Galland, écrivent les rapporteurs, a réduit la concurrence entre les distributeurs, conduisant à des hausses de prix significatives. » Elle a suscité la pratique des marges arrière. De quoi s'agit-il ? Avec la loi Galland, les distributeurs ont pris l'habitude de facturer des services à leurs fournisseurs : RFA (ristournes de fin d'année), PP (participation publicitaire), facturation des têtes de gondole, etc. Ces services souvent contestables ont pu représenter jusqu'à 30 % du prix. Du coup, les fournisseurs ont intégré ces marges arrière à leurs prix de cession. Le prix de cession se décomposait ainsi en deux parties : le prix régulier intégrant les coûts de production et la marge du fabricant + les marges arrière. On a donc fait payer aux consommateurs les ristournes encaissées par les distributeurs et les frais de marketing et de mise en avant destinés à les attirer. La loi Galland a joué sur la négociabilité des prix.

Exemple de pratiques commerciales induites par la loi Galland

Un industriel propose son produit à 0,80 € à un distributeur. Il a inclus ses coûts de production et sa marge.
L'industriel va ajouter une marge arrière de 0,60 € correspondant à divers services (facing, tête de gondole, anniversaires magasins, prospectus).

.../...

...∕...

Au rendez-vous de négociation le vendeur propose donc son produit à 0,80 € + 0,60 €, soit 1,40 €.

Le distributeur va négocier des ristournes en fonction du volume, de la logistique (une seule livraison en centrale) et de son travail de mise en valeur. Le prix unitaire retombe à 0,90 €.

Le système des ristournes est très encadré. Une grille des remises est déposée au ministère de l'Économie et des Finances.

Des accords particuliers peuvent être conclus entre l'industriel et le distributeur pour 0,10 €.

Le prix final de vente est retombé à 0,80 €. Le distributeur va appliquer sa marge réglementaire de 30 %. Le prix consommateur s'établit à 1,04 €.

■ NOUVELLES PRATIQUES COMMERCIALES

Depuis la loi sur la modernisation de l'économie (LME), la seule contrainte imposée au distributeur est de ne pas revendre à perte. Dans l'exemple précédent, le distributeur pourra choisir de vendre le produit 0,80 € et non 1,04 €. La négociabilité des tarifs permettra à un distributeur de refuser une augmentation de prix d'un industriel. Dans le cadre de la loi Galland, le déréférencement était très encadré et interdisait pratiquement de refuser une hausse des prix proposée par les industriels. La liberté de négociation est donc désormais la règle. Le système des ristournes a été désencadré. « En son temps, la loi Dutreil avait fait sauter un premier verrou, explique Jean-Pierre Compère, du groupement des Mousquetaires. Les industriels proposaient des ristournes liées à la largeur de gamme. Autrement dit, plus on leur prenait de références, plus les ristournes étaient attractives. Il en est résulté un très fort effet d'expulsion pour les produits des PME. » Bon pour les prix, mauvais pour l'emploi !

Au début des années 2000, les prix ont grimpé de 6 %. Le passage à l'euro n'y est sans doute pas étranger. Son effet est venu s'additionner à celui du cadre législatif de négociation, inflationniste par nature, et à une très forte anticipation des industriels, que le pouvoir politique avait mis en garde contre des augmentations de prix. Un peu trop tôt, sans doute !

▨ LE FEU ORANGE DU SÉNAT

L'autre immixtion du pouvoir politique dans la vie du commerce est celle de la loi Raffarin. Elle porte sur la concurrence et sur le pouvoir des élus locaux. La loi Raffarin a soumis à l'autorisation préalable du maire et de la CDEC, la commission départementale d'équipement commercial, l'ouverture de toute surface de vente supérieure à 300 m². Objectif : protéger le petit commerce et soigner les élus locaux. Grâce à cette loi, les maires ont pu contrôler et limiter le développement du hard discount, qui s'exprime en général sur des surfaces de 600 à 750 m². Dans de nombreuses villes moyennes, le supermarché est une entreprise qui compte, qui crée des emplois et qui à l'occasion finance les clubs de sport et les associations locales, quand il ne participe pas directement aux campagnes politiques des élus locaux. La même observation s'impose à l'échelle des grandes métropoles dans lesquelles les dirigeants des hypermarchés, notamment ceux qui sont propriétaires d'un ou plusieurs magasins comme chez Leclerc, Système U ou Intermarché, entretiennent des relations de consanguinité avec les élus politiques. « Ce qui a toujours limité la concurrence, explique le collaborateur direct d'un dirigeant d'enseigne sous couvert de l'anonymat, ce sont les recours quasi systématiques déposés dans les dossiers de demande de permis de construire. Dans les coulisses, les premiers installés ont tout fait pour empêcher l'arrivée d'un concurrent : ici on créait une association de consommateurs hostile au nouveau projet, là on soutenait une association des défenseurs de l'environnement. Les délais d'examen des recours sont très longs et gèlent les travaux. Dans la plupart des cas, le concurrent potentiel jetait l'éponge de lui-même. Les dirigeants locaux de magasins sont passés maîtres dans l'art du lobbying. Mais c'est la règle, ils se sont protégés. » De nombreux acteurs ont pu avoir intérêt par le passé à limiter la concurrence ou à défaut à l'organiser. En bout de chaîne, ce sont toujours les consommateurs qui en ont payé le prix. Comme le dit le Français Alain Caparros, dirigeant du n° 2 allemand de la distribution, le groupe Rewe, « la loi Raffarin a été une gifle monumentale qui a stoppé net le développement du hard discount en France [1] ».

La principale novation du dispositif adopté à l'été 2008 devait être de relever le seuil de la procédure d'autorisation d'ouverture de nouveaux magasins de 300 à 1 000 m². « Devait être » car au dernier moment, dans le flou politique du mois de juillet, très discrètement, des sénateurs ont amendé la loi pour finalement réintroduire un droit de saisine de la commission départementale d'équipement commercial en faveur des maires pour toute implantation de 300 à 1 000 m². Toujours favorable à la position des petits commerçants, l'ancien Premier ministre Jean-Pierre Raffarin devait publiquement dénoncer l'idée selon laquelle « le hard discount serait la solution pour le pouvoir d'achat ». Que reste-t-il de la réforme qui devait libérer la concurrence et faciliter l'installation de magasins de moins de 1 000 m² dans les villes ? Le Sénat l'a vidée de son contenu le plus pertinent. Une fois encore, il a voulu protéger la France des boutiquiers au détriment de la France des consommateurs. Mais est-ce vraiment étonnant, quand on sait que les sénateurs sont élus par les élus locaux, les maires notamment, soucieux de ménager ces relais du quotidien

---

1. *Le Monde*, 11 juillet 2008, « Aldi et Lidl vont sans aucun doute appuyer sur l'accélérateur ».

que sont aussi les commerçants ? Le hard discount attendra donc aux portes des villes et dans les antichambres municipales. À moins que ce nouvel outil ne soit destiné à limiter l'installation de hard discounters allemands dans nos villes ?

En France, Netto, l'enseigne maxi-discount du groupement des Mousquetaires, Ed et Leader Price présentent un modèle éligible à ces surfaces réduites mais souffrent encore d'un déficit d'intérêt. L'enjeu est pourtant loin d'être secondaire si on se place dans une logique de patriotisme économique. Les discounters allemands travaillent avec des fournisseurs allemands, leurs profits sont rapatriés en Allemagne et ils créent peu d'emplois qualifiés. Pour que les prix bas profitent aux consommateurs français et aux entreprises françaises, nos enseignes doivent rapidement prendre l'initiative et sortir de la logique des années fastes. Dans le groupement Intermarché, l'esprit Mousquetaires se perdrait et les dirigeants de magasins auraient pour partie oublié le message des pionniers pour lui préférer le confort des situations acquises.

▪ LE SORT PEU ENVIABLE DES PME

La situation des fournisseurs de taille moyenne doit être distinguée de celle des géants de l'agroalimentaire. Les PME sont souvent captives. Les gros industriels et les multinationales n'ont d'ailleurs pas hésité à instrumentaliser les PME pour servir leurs propres intérêts. Les Français ont maintenant compris le tour de passe-passe. Pour les PME cependant, la grande distribution peut représenter une part très significative du chiffre d'affaires et offrir des chances supplémentaires de vendre à l'export. Comment dès lors faire la fine bouche quand elles discutent les prix avec l'une des 5 grandes centrales d'achat en France ? Pour être référencées, elles doivent payer à tous les étages de l'organisation : dans les magasins, dans les centrales régionales et à la centrale nationale.

Avec ces entreprises, la négociabilité est élastique. Dans des secteurs comme le pain ou la viennoiserie industrielle, la viande, les produits de charcuterie et de traiteur, l'émergence progressive de la grande distribution a conduit à des regroupements. Les coûts de production ont baissé grâce à la mutualisation de moyens financiers et opérationnels. La qualité aussi dans certains cas. Face aux géants de l'agroalimentaire, les PME françaises peuvent s'appuyer sur les produits du terroir et jouer à fond la carte de la différenciation. La tradition française comporte de très nombreuses recettes originales. Les entreprises moyennes des régions peuvent en être les ambassadrices. Elles pourront aussi dans un proche avenir jouer de la proximité entre les lieux de production et les territoires de consommation. En apparence, les PME sont condamnées à tenir un rôle secondaire. Celles qui seront les plus audacieuses proposeront leur valeur ajoutée et des produits qui, à défaut de se vendre partout, pourront se vendre au juste prix.

3

Nos prix reflètent aussi notre modèle social

■ VICTIMES DU PROGRÈS !

Tous les éléments que nous avons recensés, pénurie alimentaire et énergétique, spéculation massive sur les matières premières puis, sur le marché français, absence d'une concurrence sérieuse entre distributeurs et entre géants de l'agroalimentaire, tous ces éléments constituent le cadre d'une baisse tendancielle de notre pouvoir d'achat. Le monde ne s'arrêtera pas de tourner pour autant. Il faut simplement se souvenir que la promesse de progrès des sociétés modernes ne se limite pas au seul rapport à la consommation. Le bonheur n'est pas nécessairement dans le fond de placard ! Je ne suis pas un tenant de la décroissance car ce scénario nous ramènerait au début du XXᵉ siècle, dans un univers cloisonné où les riches seraient plus riches et les pauvres éternellement pauvres, mais je suggère de relativiser la crise qui nous frappe. L'État redistributeur est pleinement dans son rôle, y compris pour un libéral, quand il corrige les excès d'une conjoncture très pénalisante pour tout ou partie des populations. Au cours des deux derniers siècles, le pouvoir d'achat des Français a augmenté de 1,6 % par an, selon l'historien de l'économie Jacques Marseille. Au cours des 20 dernières années, la hausse n'a été que de 1 à 1,1 %. « Nous avons perdu la pente, explique Jacques Marseille, et pour en revenir au niveau qui était le nôtre à la sortie des années 1980, il faudrait une augmentation annuelle du pouvoir d'achat de l'ordre de 2,5 % par an. » La France n'est pas capable de produire une telle performance en raison de sa croissance trop faible. Elle le sera d'autant moins dans l'avenir qu'il nous faut répondre à un autre défi, celui du vieillissement de la population. Concrètement, l'allongement du temps de vie change les grilles de lecture anciennes : la valeur de la richesse produite dans une vie de Français reste stable, mais les dépenses « par Français et par vie » augmentent. Le résultat est connu même s'il n'est pas toujours accepté. Pour alimenter notre société de redistribution et de solidarité face à la maladie ou à l'âge, il faudra cotiser plus à la caisse commune. Notre pouvoir d'achat en subira les conséquences.

▪ LES ACTIONNAIRES MIEUX TRAITÉS QUE LES SALARIÉS

Le pouvoir d'achat des ménages continue de croître en moyenne, mais les Français ressentent une impression de recul. Ils sont insatisfaits, notamment en raison de ce qui leur a été promis et des comparaisons qu'ils peuvent faire. Depuis l'arrivée de la gauche au pouvoir en 1981, les revenus des patrons n'ont pas simplement augmenté, ils ont explosé. La faute, dit-on, à la mondialisation qui a favorisé les regroupements d'entreprises et stimulé la massification pour précisément répondre aux attentes des consommateurs en matière de consommation à bas prix. C'est aussi cet écart qui est condamné et qui renforce le sentiment que les efforts sont toujours demandés aux mêmes. Les chiffres plaident d'ailleurs dans ce sens ; la part des salaires dans le PIB continue de décroître au profit des revenus du capital. En

20 ans, le glissement a été de l'ordre de 7 %. C'est donc environ 150 milliards d'euros qui sont passés des revenus du travail aux revenus du capital. En changeant de main, ils ont aussi changé de géographie. Ces 150 milliards auraient pu être dépensés sur le marché français, quitte à enrichir des entreprises étrangères, mais, dans le cas d'espèce, ces 150 milliards sont devenus apatrides. Ils circulent au-dessus de nos têtes et sont affectés à des transactions virtuelles, en partie sans doute sur les marchés à terme du blé, du pétrole, du cuivre ou du zinc. Ces 150 milliards qui auraient pu alimenter notre pouvoir d'achat vont à l'inverse travailler contre lui en nourrissant le cadre spéculatif qui fait flamber les cours. Le capitalisme financier concentre les revenus entre les mêmes mains. Soit ! Mais il n'est pas seul responsable de notre appauvrissement relatif.

▪ TRÈS CHÈRES 35 HEURES

La réduction du temps de travail de 39 à 35 heures hebdomadaires partait d'un principe simple : en divisant mieux le volume de travail disponible, on pouvait créer des emplois et réduire le chômage. Nul ne sait si le bilan des 35 heures s'est soldé par des créations ou par des destructions nettes d'emplois. Nul ne le sait, et surtout pas les économistes qui s'affrontent sur le sujet depuis la mise en place autoritaire de la réforme. Avec la loi Aubry, le diable est sans doute dans les détails. Les 35 heures ont créé des emplois non marchands dans la fonction publique (là où ils coûtent le plus cher à notre économie) et en ont détruit dans les PME (là où nous en aurions au contraire besoin). Les 35 heures ont à cet égard détruit de la valeur. De 1984 à 2004, l'emploi a augmenté de 22 % dans le public, soit 6 % de plus que l'emploi total. Il y a en France plus de 4,7 millions de fonctionnaires. 1 actif sur 5 est fonctionnaire. Depuis la fin des Trente Glorieuses, l'État s'est attaché à soutenir la politique de l'emploi en France. La loi sur la réduction du temps de travail radicalise cette position, mais elle est appliquée uniformément, sans tenir compte de la taille des entreprises, sans tenir compte des territoires et des secteurs. Les 35 heures n'ont pas solutionné la question de l'emploi, mais elles ont compliqué celle des prix.

- La réduction du temps de travail de 10 % à salaire égal a mécaniquement augmenté les coûts de production d'autant. On nous dit souvent que la productivité des Français est bonne, mais il faut aussi l'apprécier sur la base du volume d'heures travaillées.

- Les 35 heures ont bloqué les salaires en France. Dans le secteur privé, les salaires les plus modestes ont été les plus exposés. Dans les PME confrontées à la concurrence, souvent coincées entre leurs coûts de production et leurs clients, les salaires ont servi de variable d'ajustement. Concrètement, ils ont été bloqués au cours des 10 dernières années. Les 35 heures ont joué un rôle de chloroforme social qui s'est transformé en poison économique. La productivité qui avait été gagnée dans les années 1990 a été entièrement consommée par la réduction du temps de travail. Cette réforme a renforcé les puissants et affaibli les plus fragiles. Les très grands groupes, propriétaires des marques, ont su se protéger des vents : ils ont profité de la loi Galland, grâce à leur taille, ils ont pu limiter l'impact économique des 35 heures et ils en ont profité pour limiter la croissance de leur masse salariale.

- Une étude récente de LH2 pour le journal *Les Échos* montre que 79 % des salariés français, privé et public confondus, ne sont pas intéressés pour le rachat de leurs RTT. On croyait les Français avides de pouvoir d'achat supplémentaire. Cette étude nous apprend qu'ils préfèrent encore leur tranquillité. Étonnante observation qui montre toutefois que les 18-24 ans sont les premiers à vouloir valoriser leurs RTT (24 %) tandis que les 35-49 ans, pourtant chargés de famille, ne le sont que pour 7 %. Dans l'analyse des catégories professionnelles, ce sont les artisans, commerçants et chefs d'entreprise – les moins éligibles au cadre des 35 heures – qui sont les plus nombreux à souhaiter échanger du travail contre de l'argent. Les professions intermédiaires présentent ici un encéphalogramme plat. Ouvriers et employés disent non à l'échange temps de travail contre salaire à 75 et à 81 %. Cette étude comporte un deuxième enseignement au moins aussi paradoxal que le premier. Les Français ont assimilé le message de Lionel Jospin : « L'État ne peut pas tout. » Ils comptent sur leur entreprise pour répondre à leurs attentes économiques. Exigeants mais pas aventuriers ! Les Français préfèrent une augmentation de salaire à une promesse de don sous forme d'actions, y compris quand les actions proposées représentent une valeur supérieure ; les sondés affirment très nettement leur préférence pour une rémunération immédiate (77 %) plutôt qu'un revenu différé (19 %). On les comprend mais on s'interroge aussi sur la logique de la valeur. Comment exiger du capital ce qu'on ne prête pas à son propre travail, le capital et le travail formant ici aussi les facteurs de production ? La logique des 35 heures a lourdement pesé sur la représentation du travail en France. Elle a forcé l'idée que les revenus du travail pouvaient dans une certaine mesure être déconnectés du volume de travail. Cet aspect est important quand on évoque la bataille du pouvoir d'achat. Les Français veulent acheter moins cher mais sont-ils prêts à travailler pour moins cher ? Le prix exprime une valeur : valeur d'acquisition, valeur d'usage ou valeur sociale. Il concentre tous les paramètres des algorithmes de production.

- Prenons par exemple le prix du pain, qui est en France fortement symbolique non seulement en raison de nos habitudes alimentaires, mais aussi parce qu'il concentre en
quantités égales tous les facteurs de production : le capital
et le travail. Le capital sert à investir dans un fonds de
commerce, dans du matériel professionnel, des matières
premières, et le travail assure le processus de transformation. Il se trouve par ailleurs que le pain peut être produit
par un artisan, à petite échelle, ou par un industriel, sur une
chaîne de production assurant le pétrissage, le façonnage,
la pousse et la congélation quand il s'agit de pain surgelé.
Dans la baguette que nous achetons à l'artisan boulanger, la
moitié du prix est consommé par les salaires et les charges.
Dans la baguette de l'industriel qui a investi sur un processus mécanisé au détriment de la force de travail humaine,
l'impact des salaires et charges est compris selon la taille
de l'opérateur entre 20 et 25 % du prix de cession de la
baguette.

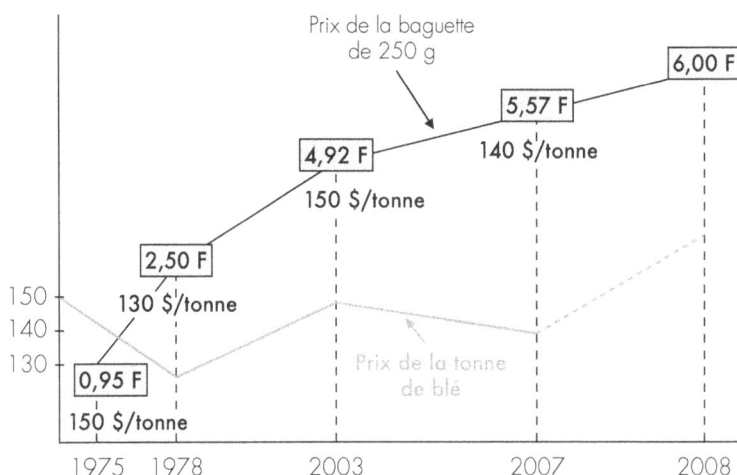

Prix de la baguette
de 250 g

6,00 F

5,57 F

140 $/tonne

4,92 F

150 $/tonne

2,50 F

150 ─

130 $/tonne

140 ─

130 ─

0,95 F

Prix de la tonne
de blé

150 $/tonne

1975   1978   2003   2007   2008

Baguette
industrielle

Baguette
du boulanger

Matières premières
22 %

Salaires + charges
20 %

Main-d'œuvre[1]
brute chargée
48 %

Matières premières
30 %

Investissements
20 %

Énergie
5 %

Transport
15 %

Taxes
6 %

Emballage + divers
10 %

Investissements
5 %

Loyers + charges
6 %

Marge
5 %

Marge
8 %

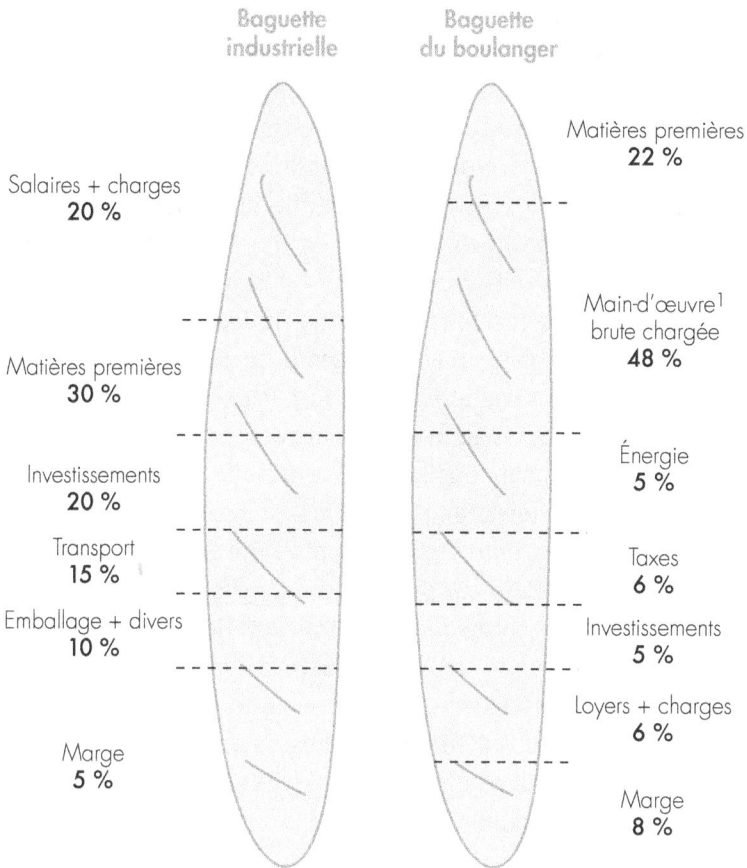

▦ PENSER ET ENCOURAGER UN MONDE DIFFÉRENT

Le premier étage de la fusée mondialisation est parti. Le paysage mondial de la finance et des activités économiques nous montre que la mise à feu du deuxième étage est en cours. La première

_____

1. Coût total d'un salarié pour un employeur.

étape de la mondialisation a été plutôt favorable pour les consommateurs occidentaux et pour certaines très grandes entreprises. Elle a été très mauvaise pour l'emploi dans les pays d'Europe et aux États-Unis. Grâce aux très faibles coûts de production, en Asie notamment, certains produits du quotidien ont pu être vendus toujours moins cher. C'est le cas du textile, des articles de sport et de loisir, de certains articles électroménagers, etc. Les consommateurs occidentaux ont enrichi les entreprises nationales qui ont été capables de délocaliser une partie de leur production, mais aussi les entreprises des pays émergents, qui sont en l'espèce des pays low cost. Le résultat est mesuré par une étude du cabinet Ernst & Young publiée au mois de mai 2008 par la presse économique internationale. Ses conclusions sont spectaculaires et annoncent le deuxième temps de la mondialisation. La capitalisation boursière des entreprises des pays émergents a bondi en moins de 10 ans. Pour les producteurs de ces pays, l'arrivée de nouveaux marchés correspond à un transfert de richesses. Quand on prend le top 1 000 des capitalisations boursières, les pays émergents sont passés de 5 % de la valeur totale en 2000 à presque 20 % en 2007. Les entreprises des pays émergents ne vont plus se contenter longtemps de réaliser les tâches les moins qualifiées et les moins rémunérées du processus de production.

Il y a trois phases importantes dans un processus de fabrication.

- La conception et la mise au point, qui font appel à des ressources humaines et technologiques élevées. C'est là que s'expriment l'innovation et les hautes technologies.
- La fabrication, deuxième étape, est devenue le segment le moins valorisé, dévolu jusqu'à présent aux pays émergents. Dans le processus de fabrication des pièces détachées automobiles ou des chaussures de sport, on recherche d'abord des prix. Ces tâches sont celles qui ont été externalisées.

- Enfin, la troisième étape concerne la prescription, c'est-à-dire le marketing, la commercialisation, la publicité, la communication, qui permettent de vendre cher un produit qui a été produit à vil prix.

On le voit ici, la création de valeur se fait en amont et en aval du processus de fabrication industriel. Les chiffres publiés par Ernst & Young expriment une tendance qui a de quoi inquiéter. Les conséquences pour notre pouvoir d'achat seront importantes. Le glissement progressif des richesses et des revenus vers l'Est se traduira immanquablement par l'enrichissement des classes moyennes et supérieures de ces nouveaux pays et par notre appauvrissement proportionnel. Autrement dit, la capacité d'acheter se déplacera progressivement vers les nouveaux territoires de création de valeur. La situation est préoccupante, pour employer un mot politiquement correct, mais pas irrémédiablement compromise. Certes, comme le titrait *Le Monde* du mardi 20 mai 2008, « les nouveaux champions du capitalisme viennent du Sud », mais la guerre économique sera longue. Dès lors, que pouvons-nous faire ? Pour résister, les Américains ont joué sur tous les leviers. Sur la monnaie d'abord, en soutenant les exportations avec un dollar anormalement faible, puis en jouant sur l'arme budgétaire, en distribuant des baisses d'impôts pour encourager la consommation sur le marché intérieur qui représente 70 % de leur croissance. Le pouvoir d'achat redistribué a majoritairement profité à des entreprises non américaines, localisées en Asie, mais l'indice des ventes de détail est resté stable ! L'Amérique arrive au bout de sa thérapie homéopathique. En Europe, la Banque centrale européenne maintient un cap très orthodoxe et refuse obstinément de baisser ses taux, ce qui rendrait le crédit plus abordable. La BCE, gardienne d'une inflation maîtrisée, veut éviter l'emballement de la demande mais limite la capacité de consommer et par conséquent le pouvoir d'achat.

▪ LÉGIFÉRER, RÉGLEMENTER ? *WHAT ELSE...*

Le recours à la loi est au fond le seul moyen d'empêcher les ennemis de la liberté de profiter de la liberté ! Le constat est sans appel. Qui faut-il mettre en cause ? Les spéculateurs, le marché, la nature humaine ? Je me rappelle avoir posé la question au banquier David de Rothschild au cours d'un petit déjeuner organisé par l'association Ethic (Entreprises de taille humaine indépendantes et de croissance) présidée par Sophie de Menthon au mois de mai 2008. Prudent et expérimenté, David de Rothschild en avait appelé à l'autorégulation (dans l'esprit d'Adam Smith). Mais peut-on faire confiance aux spéculateurs pour ne spéculer que dans des proportions raisonnables de nature à respecter l'intérêt général ? Les récentes crises alimentaires montrent l'inverse. Les Américains ont été les premiers à s'inquiéter du poids de l'argent sale sur les marchés à terme des matières premières. Comment dès lors protéger les marchés stratégiques que sont les marchés alimentaires ? Le débat engage la place de la fonction politique dans nos sociétés. L'État est mauvais gestionnaire, mais peut-il être un bon régulateur ? Les questions de l'approvisionnement en énergie et de l'accès aux marchés alimentaires sont constitutives de la définition du bien commun. Dès lors que la vie ou la survie de millions d'êtres humains sont en jeu, les lois habituelles du marché peuvent être abrogées au profit de normes nouvelles inspirées de l'intérêt général.

La mondialisation est récente. Elle s'est développée sur les règles du monde ancien et ses modalités de fonctionnement n'ont pas encore été l'objet d'une codification. L'ancien président Valéry Giscard d'Estaing a raison de dire qu'on ne peut « plus laisser la mondialisation livrée à elle-même[1] ». L'emploi du mot « plus »

---

1. *Enjeux-Les Échos*, n° 247, juin 2008.

est tout à fait singulier et fait écho, à distance, au vœu d'auto-régulation du banquier David de Rothschild. La leçon de cet épisode est connue des historiens et des politologues : aucun système n'est durable s'il ne s'adosse pas à des règles. Autrement dit, la mondialisation a besoin de normes et de codes partagés et acceptés s'imposant à tous les acteurs dans le temps et dans l'espace. La liberté du commerce et des échanges financiers ne peut s'exercer au mépris du bien commun. Or, il existe un état d'urgence alimentaire, comme il existe un devoir d'ingérence humanitaire quand la vie des êtres humains est en danger. La communauté internationale est-elle à la hauteur de cette grande ambition d'une économie politique au service de l'humanité ? Au sommet de Rome, en juin 2008, la FAO, pourtant confrontée à une crise majeure, a escamoté les questions posées par l'envolée des prix des matières premières en se contentant de promesses de dons pour environ 6,5 milliards de dollars au lieu des 15 milliards recommandés par l'ONU. La déclaration finale en appelle à un commerce alimentaire plus équitable et promet des investissements dans le secteur agricole pour augmenter tout à la fois production et productivité. C'est peu, mais pouvait-il en être autrement ? Le journaliste Éric Le Boucher, qui sait lire entre les lignes, parle de la nouvelle guerre Nord-Sud. La colère et le mécontentement montent dans nos vieux pays. L'objet de cette étude, le pouvoir d'achat, est devenu une cause nationale, et les Français commencent à comprendre que l'argent gagné par les Chinois, les Russes, les Brésiliens ou les Indiens se traduit par du pouvoir d'achat en moins de ce côté-ci du monde. La guerre des capitalismes a commencé. « Le festin capitaliste » évoqué par le banquier Michel Cicurel nous menace. Les pays émergents ne font plus crédit à l'Occident en lui abandonnant au passage tous les profits. La boîte à outils est partie vers les pays asiatiques et c'est maintenant le mode d'emploi, c'est-à-dire la conception et donc la valeur ajoutée, qui part vers le nouveau monde. On ne devine pas l'appétit immense qui existe dans ces nouveaux pays du capitalisme. La lutte engagée est une lutte pour le confort, pour le progrès, pour les générations futures. Une partie des Chinois, des Indiens, des Brésiliens ou des Russes doivent ressentir ce que nos aïeux ont éprouvé au temps de la reconstruction : une grande confiance dans l'avenir, la volonté de construire ou de reconstruire, le goût de la conquête. Pour eux, la mondialisation est synonyme de progrès ; pour nous, elle veut dire recul, perte de leadership, effritement du pouvoir d'achat.

▓ MAUVAISES PERSPECTIVES AMÉRICAINES

Le lien entre notre pouvoir d'achat et l'état de santé de l'économie américaine apparaîtra sans doute très clairement à tous ceux qui ont constaté que notre croissance était pour partie dépendante de celle des États-Unis. Or la croissance, c'est immanquablement du pouvoir d'achat. Dans ce domaine, les nuages continuent de s'amonceler sur l'économie la plus endettée du monde. Les deux mandats du président Bush et la guerre en Irak auront profité à un nombre très limité d'entreprises ou de cartels économiques mais pas à l'économie américaine. La crise des *subprimes* sanctionne un cycle que le Prix Nobel d'économie Joseph Stiglitz explique simplement : « Parce que l'économie américaine était faible, la FED [Réserve fédérale américaine] a voulu créer plus de liquidités, elle a donc décidé de garder les taux d'intérêt à des niveaux très faibles tout en laissant se développer de nombreux produits de crédit, sans aucun contrôle. » L'Amérique a joué sur l'arsenal monétaire en laissant la machine s'emballer. La consommation a été soutenue de façon tout à fait artificielle, y compris dans le domaine immobilier. Les *subprimes* consistaient à prêter de l'argent à des gens très endettés et majoritairement insolvables ! L'envolée des prix du pétrole, liée entre autres à l'instabilité irakienne, a provoqué l'effondrement du système, dans un premier temps pour les plus vulnérables. On estime que 3 millions d'Américains seront chassés de chez eux d'ici à 2010. Sur le marché intérieur, les signes d'essoufflement se font sentir. On puise maintenant dans les stocks, la production ralentit et le nombre d'heures de travail diminue. Cette situation est porteuse du grand danger de la récession. Nous aurons, nous aussi, à en payer le prix. Quand l'Amérique s'enrhume, l'Europe éternue à brefs délais. La faiblesse entretenue du dollar nous coûte chaque jour fort cher. Elle nous bloque l'accès à certains marchés. La situation est comparable à celle d'une course de fond dans laquelle un des candidats aurait des semelles de plomb. Pour résumer la situation, écoutons cette petite histoire sous forme métaphorique : deux individus sont perdus dans la jungle. Ils tombent nez à nez avec un tigre. Les deux hommes ont tout d'abord le réflexe de fuir à toutes jambes. Mais après quelques secondes, un des deux s'arrête pour enfiler sa paire de chaussures. Son compagnon le regarde et lui dit : « Tu crois que tu vas courir plus vite que le tigre, avec tes chaussures ? – Non, lui répond l'autre, mais avec des chaussures je suis sûr de courir plus vite que toi ! »

▪ LE PÉTROLE, PRODUIT DE LUXE

L'énergie participe directement ou indirectement à la formation des prix. Les factures d'essence impactent directement notre pouvoir d'achat. Je pense à tous ceux qui doivent rouler pour travailler ou pour se rendre à leur travail, avec une mention particulière pour tous ces Français aux revenus moyens qui ont fait le choix d'habiter loin d'une ville pour bénéficier de prix immobiliers attractifs. Le « modèle économique de vie » de ces Français a radicalement changé. Le budget transport vient s'ajouter aux dépenses contraintes de tous les ménages : impôts directs et indirects et logement qui consomment en moyenne 60 % du revenu. Le poste carburant doit désormais être considéré comme une dépense contrainte qui réduit encore la part de pouvoir d'achat disponible dédiée aux besoins fondamentaux. Peut-on attendre un répit dans ce domaine ? Le prix des énergies fossiles baissera-t-il, comme le pensaient certains analystes avant que le baril ne franchisse la barre des 100 $? Deux phénomènes concourent à nous inciter à croire que le cauchemar prévu par la banque Goldman Sachs d'un baril à 200 $ en 2009 est possible à défaut d'être probable. Tout d'abord, nous l'avons dit, la demande va s'accroître, particulièrement la demande asiatique. Selon l'Institut français du pétrole, nous avons consommé la moitié des réserves mondiales connues à des prix d'extraction stables. L'épuisement progressif de la ressource et l'accroissement de la demande feront augmenter les prix. Certains pays, comme ceux du Golfe, pourraient produire plus et répondre à la demande, mais ils ne le font pas. Le souverain saoudien déclarait en 2008 que le pétrole saoudien qui est « sous [ses] pieds appartient à [ses] fils. » Le temps où l'Occident pouvait faire pression sur les producteurs d'or noir se termine. Lors de sa visite à Riyad en mai 2008, le président américain Bush n'est pas parvenu à obtenir de son hôte une augmentation sensible et durable de la production. Les principaux producteurs de pétrole vont gérer leurs actifs en bons pères de famille. Ils ont compris que la surexploitation des ressources disponibles et la fin prochaine de leurs réserves risquaient d'éteindre la demande du marché. Ils pratiquent aujourd'hui une politique de sous-capacité maîtrisée dans le temps, de sorte à optimiser les revenus de leur rente.

En France, comme dans tous les pays de l'Ouest, la communauté politique et économique dispose d'études très sérieuses sur la fin du pétrole depuis au moins 20 ans. A-t-elle pour autant anticipé la crise que nous connaissons aujourd'hui ? Pour acheter du temps et retarder l'échéance, les États-Unis se sont engagés dans un vaste conflit géopolitique au Moyen-Orient. Ils ont tenté de préempter la richesse des pétromonarchies et se sont assuré le concours d'un régime complice en Irak au prix de centaines de milliers de victimes civiles. Les Américains veulent continuer à dépenser sans compter, comme les y invite le mythe de la richesse inépuisable sur lequel s'est bâti leur pays. Soit. En Europe, les constructeurs automobiles développent toujours des véhicules très consommateurs, au mépris des prévisions sur l'épuisement du pétrole. Peugeot a construit sa fortune sur le moteur diesel. Tous les consommateurs qui avaient choisi un véhicule diesel en pensant faire une bonne affaire en sont aujourd'hui pour leurs frais. En 2008, le diesel a été le premier à franchir la barre des 1,5 € le litre, avant le sans-plomb ! L'absence de prévoyance associée au culte du profit à court terme nous coûte aujourd'hui des points de pouvoir d'achat. Et ce sont les Français qui payent, tandis que les résultats des grandes entreprises n'ont jamais été aussi bons. En ce sens, la crise du pouvoir d'achat repose au monde de l'économie la vieille question fordiste : comment soutenir les revenus de mes propres salariés pour qu'ils achètent mes propres produits ?

▪ GÉOGRAPHIE DU POUVOIR D'ACHAT

Le pouvoir d'achat ne peut pas être apprécié de façon uniforme. Le tableau qui suit montre bien que la hausse brutale du prix des carburants a eu des effets très différents selon les familles. Les éléments que je propose partent de chiffres vérifiables : le litre de gazole coûtait 1 € en 2004, il s'est affiché en 2008 jusqu'à 1,50 € et plus. Les différents cas d'espèce mobilisés dans le cadre de cette démonstration sont en revanche destinés à illustrer des situations de revenus diverses qui ne correspondent à aucune moyenne statistique. Chacun pourra y retrouver sa situation personnelle ou, à défaut, celle qui s'en approche. Je suggère toutefois de tenir compte d'un élément important qui est celui du salaire médian en France. En 2007, il s'établissait à 1 555 € net par mois. Le salaire médian coupe les revenus en deux tranches égales. 50 % des salaires nets sont supérieurs et 50 % inférieurs au salaire médian. Il conviendra donc de considérer que le premier cas de figure étudié, celui d'un salarié disposant d'un salaire net de 1 000 € par mois, est plus courant qu'on ne l'imagine.

Part proportionnelle du budget carburant pour les ménages en fonction de leur revenu

	Revenu	Part des carburants dans le revenu	
		2004	2008
Catégorie A	1 000 € net/mois	8,4 %	12,6 %
Catégorie B	2 000 € net/mois	4,2 %	6,3 %
Catégorie C	3 000 € net/mois	2,50 %	4,2 %
Catégorie D	5 000 € net/mois	1,68 %	2,52 %

Dans l'hypothèse de 1 200 km par mois parcourus avec une berline moyenne.

Pour les revenus élevés, 5 000 € par mois et plus, l'impact de l'augmentation des carburants a été relativement neutre sur le budget global, même s'il convient là aussi de relativiser les choses. Les classes moyennes sont les principales contributrices à l'impôt sur le revenu des personnes physiques. Pour bien mesurer l'impact de l'augmentation du budget transport, il est nécessaire d'examiner la situation des catégories de revenus au regard des territoires. Nous parlons de l'utilisation de la voiture. Et les notions de distance et d'éloignement du lieu de travail ne peuvent pas être écartées. Les classes moyennes, cadres supérieurs et libéraux, vivent en général à proximité de leur lieu de travail. Les classes populaires sont en revanche victimes du phénomène connu des géographes sous le nom d'étalement urbain. L'étalement urbain mesure la dilatation de l'espace urbain, l'éloignement du centre des villes par rapport à la croissance de la population. Quand la croissance horizontale de la ville est supérieure à la croissance de la population, l'étalement urbain radicalise l'éloignement du centre. Les habitants des grandes banlieues ou des villages périphériques des grandes villes se recrutent dans les revenus modestes. Comme nous l'avons montré, ce sont souvent des Français qui ont construit un modèle économique de vie autour de déplacements contraints de l'ordre de 60 km aller et retour par jour, en parcours semi-urbains, pour se rendre à leur travail. Ils ont accédé à la propriété sur des territoires correspondant à leurs budgets. La pérennité de leur mode de vie reposait sur un prix du litre de diesel égal ou inférieur à 1 €. L'inflation brutale sur les prix des carburants a considérablement amputé leur pouvoir d'achat puisque le poste transport représente aujourd'hui presque 13 % de leur revenu disponible.

▪ SOS CARBURANT

Depuis le début 2008, 4 Français sur 10 reconnaissent moins utiliser leur voiture que par le passé (étude OpinionWay-*Les Échos* du 7 juillet 2008). L'effet pétrole pèse sur les comportements. Quand on interroge les salariés pour savoir quels seraient leurs critères dans le choix d'un nouveau travail, 56 % répondent qu'ils arbitreraient en fonction de la localisation géographique de ce nouvel emploi par rapport à leur domicile contre 44 % qui se prononceraient en fonction du niveau de salaire proposé (sondage Ipsos pour *Les Échos* et Institut Manpower pour l'emploi réalisé du 6 au 14 juin 2008). Quelles solutions mobiliser pour que le travail reste la bonne option économique ? Aux États-Unis, le prix des carburants, pourtant inférieur aux prix européens, pénalise les classes moyennes de la même façon, mais dans ce pays où la voiture est indispensable, des chefs d'entreprise font le choix de fidéliser leurs salariés en participant financièrement au budget transport de chacun d'entre eux. Dans la région de Saint Louis, un chef d'entreprise prend en charge les frais kilométriques de ses employés au-dessus de 0,66 $ le litre d'essence. C'est un budget de 20 000 $ par mois pour cet équipementier automobile qui craint que ses salariés ne cherchent un travail plus près de chez eux et estime en tout état de cause que cette dépense lui « coûtera toujours moins cher que de former de nouveaux collaborateurs[1] ». En France, l'idée du chèque-transport a été utilement évoquée. Mais qui va payer ? Pour être efficace, le système retenu devra être simple. Pour que l'effort soit justement réparti, voici une proposition simple : dans l'esprit du chèque-restaurant, l'entreprise et le salarié se partagent le coût facial du service, mais la participation de l'entreprise lui ouvre droit à une réduction de l'impôt sur les sociétés.

▪ DANS QUELLE SOCIÉTÉ VOULONS-NOUS VIVRE ?

La société française est notre cadre de vie économique et social. Si elle était une entreprise, on dirait qu'elle propose une certaine qualité de service : éducation publique gratuite, santé publique gratuite (ou presque), services publics accessibles. Elle exprime deux idées : la solidarité et la redistribution. Pour ma part, je suis le père de 5 enfants, qui sont scolarisés ou l'ont été dans des écoles publiques. Mon voisin est célibataire. Il paye beaucoup d'impôts puisqu'il est seul avec de bons revenus. Il se

---

1. *Les Échos*, mardi 10 juin 2008.

dit qu'il paye pour l'éducation de mes enfants. Il a raison et je le comprends. Mais je sais aussi que ce sont mes enfants qui paieront sa retraite. La République offre donc un certain confort social. Dans toutes les sociétés où ce confort existe, il est payant. En France, nous le payons avec nos impôts. Les Américains, eux, le financent sur leur revenu, immédiat ou différé. Le résultat est presque le même. Sauf pour les Américains qui n'ont pas les moyens de se soigner ou de scolariser leurs enfants dans de bonnes écoles. Cela ne veut pas dire que notre situation est idéale. Je suis convaincu qu'il est possible de rester fidèle à certains principes auxquels nous sommes attachés en gérant au mieux l'argent des Français. La question du périmètre de l'État n'est pas l'objet de cette étude, même si nous avons compris que les prix reflètent aussi le modèle social dans lequel nous vivons. Schématiquement, disons que nous finançons la fonction publique par l'impôt, direct ou indirect, et que ces impôts se retrouvent dans nos prix. Le prix est donc bel et bien le point précis où se croisent tous les agents qui participent au processus marchand et aux activités non marchandes de notre société. Au cours des dernières années, nous avons tous développé une très forte schizophrénie autour de la question centrale de la valeur. Les dirigeants politiques ont majoritairement alimenté le phénomène en refusant de présenter la situation telle qu'elle était. Nous accordons beaucoup de valeur à notre situation professionnelle. Nous lui associons des promesses d'avenir : un salaire élastique vers le haut, des avantages acquis, et la sécurité d'un statut garanti. En revanche nous cherchons à acheter toujours moins cher. Les campagnes de communication du commerce moderne autour de la notion de gratuité sont à cet égard un exemple révélateur de notre myopie économique. Pour résumer, nous sommes d'accord pour acheter moins cher, mais nous ne voulons pas travailler moins cher. Le consommateur français exige ce que le salarié français combat obstinément. Ce constat ne présente aucun caractère moral. Il est de nature strictement mécanique. Les prix ne sont pas indépendants du reste de la société. Ils sanctionnent un processus économique et social complexe et reflètent fidèlement les contraintes qui pèsent sur les facteurs de production.

4

Et maintenant ?

Au cours de la période la plus récente, notre pouvoir d'achat a été dopé par un modèle de croissance qui reposait notamment sur l'innovation financière. Grâce aux diverses formes de crédit, nous avons pu consommer au-delà de nos revenus en achetant du temps. Mais ce système comporte des limites. Et la crise mondiale des *subprimes* nous dit que nous les avons atteintes. Le point de départ, nous l'avons vu, c'est d'abord et avant tout la politique monétaire américaine conduite par la Réserve fédérale américaine. L'émission massive de devises sur le marché a stimulé « l'ingénierie financière », celle qui était contrôlable et celle qui ne l'est pas. La machine est allée trop loin. Elle s'est déréglée par la faute de ceux qui ont voulu par tous les moyens augmenter les profits sur du vent. Certains économistes voient dans la crise du crédit une petite poussée de fièvre. Or c'est une crise quasi systémique. Quand on prête à des ménages qui ne peuvent pas rembourser, on finit par faire sauter la banque. C'est ce qui se passe. Au bout de la chaîne, le consommateur en paye le prix. La crise des *subprimes* affaiblit la croissance américaine et donc la nôtre. En contrepoint, mais dans un esprit assez voisin, des fonds apatrides cherchent de nouveaux gisements de ressources rapides et massives. Ils se portent sur les marchés à terme des matières premières. Comme le dit l'économiste Élie Cohen, sous forme d'aveu, « l'innovation financière, ce n'est pas que de la création de produits mathématiques sophistiqués, c'est savoir exploiter les failles réglementaires des différentes régulations nationales pour maximiser le profit financier[1] ».

La bataille pour le pouvoir d'achat est une bataille globale. Le prix est le point d'arrivée d'un circuit long et parfois complexe. Pour tenter un résumé, quelques idées sont à privilégier.

■ 10 000 PERSONNES PEUVENT-ELLES DÉCIDER DE L'AVENIR DU MONDE ?

La question qui se pose aujourd'hui aux dirigeants politiques de ce monde est de savoir si leur mission quasi contractuelle de protection du bien public n'imposerait pas en l'espèce des mesures conservatoires de l'intérêt général. Comme beaucoup de dirigeants d'entreprise, je crois que le libéralisme a besoin de règles pour bien fonctionner. À défaut d'un cadre normatif, le marché s'emballe. La performance économique globale intègre des éléments comme le bien-être social, un cadre égalitaire minimaliste, le respect de la vie et la foi dans le progrès. La situation telle qu'elle se présente fin 2008 est simple : moins de 10 000 personnes décident de l'avenir du monde. Ces personnes sont très puissantes et gèrent des milliards de milliards de dollars. Elles n'ont pas été élues, mais elles concentrent la richesse financière du monde. Ce sont ces personnes qui décident de l'endroit où sera placé le curseur de notre pouvoir d'achat, en fonction de leurs seuls intérêts. Dans le domaine qui nous intéresse ici, celui du commerce des matières premières alimentaires qui sont notre pain quotidien, le vrai paradoxe du système est que les transactions ne

---

1. *Le Nouvel Observateur*, 11 juin 2008.

portent pas majoritairement sur les produits eux-mêmes mais sur du papier ! L'arrivée des consommateurs des nouveaux pays émergents n'a pas grand-chose à voir avec l'action des spéculateurs des *subprimes* ou de la bulle financière sur les matières premières vitales. On n'empêchera pas des centaines de millions de personnes de vouloir vivre confortablement, mais il faudrait savoir encadrer quelques milliers de personnes qui jouent avec les ressources de la planète. Nicolas Sarkozy a fait de la lutte contre l'argent fou une de ses priorités. Reste à inventer les armes qui permettront d'en sortir vainqueur.

▪ RESTAURER D'URGENCE LA LIBERTÉ DU TRAVAIL

Tout au long de son histoire, la France a su développer des modèles originaux. Elle a porté des valeurs universelles, mais la boîte à idées est aujourd'hui en panne. Dans le monde du travail qui détermine la richesse d'un pays et le pouvoir d'achat de ses habitants, il nous revient de trouver un compromis constructif entre une complète déréglementation sociale et la loi autoritaire et égalitariste des 35 heures. La création de pouvoir d'achat dépend de la création de richesse. Et celle-ci est déterminée par la qualité et par la quantité de travail. Au-delà de ce constat à la portée de tous, une société s'honore quand elle permet à chacun d'exprimer un projet de vie professionnelle correspondant à ses goûts et à ses besoins. En assouplissant la règle brutale des 35 heures pour encourager les heures supplémentaires dans les situations ou elles étaient possibles, le gouvernement français a voulu libérer des énergies en sommeil. C'est un premier point positif. Tous ceux qui ont voulu faire croire que la France était en mesure de rivaliser avec ses concurrents en travaillant moins portent une immense responsabilité dans la dégradation du pouvoir d'achat des Français. La formule « travailler plus pour gagner plus » est peut-être caricaturale, mais elle repose sur la réalité du monde de la production. Tous les industriels vous le diront : le premier gisement de productivité dans une entreprise de production, c'est le temps.

▪ DÉVELOPPER UN HARD DISCOUNT À LA FRANÇAISE

Les Français expriment un malaise, mais peut-on vraiment en délimiter le périmètre ? Le diagnostic est inégal. Pour beaucoup de familles, les fins de mois sont vraiment difficiles. Pour d'autres, est-ce le pouvoir d'achat qui baisse ou les tentations qui augmentent ? Dans ce domaine, on a tôt fait de confondre envie et besoin. C'est le piège de la société de consommation. Ces dernières années, de nouveaux rayons se sont développés dans certains supermarchés américains. Les produits qu'on y trouve expriment les limites de la société du marketing. Il s'agit des produits consacrés à la santé par la désintoxication. Après vous avoir vendu des produits de consommation du quotidien supposés toxiques, certains supermarchés proposent du Daily Detox. Le poison et le contrepoison sous le même toit. Les promoteurs du modèle de la grande surface avaient fait la promesse d'une offre globale. Elle est tenue au-delà de leurs espérances ! Mais ce choix de positionnement, s'il correspond bien aux périodes de forte croissance et de consommation florissante, est aussi un modèle dangereux quand les ménages se recentrent sur les achats de base. Nous l'avons dit, l'hypermarché « à la française » est le modèle de la tentation. Pourra-t-il survivre en l'état à la crise de consommation qui se manifeste déjà ? Est-il d'ailleurs le bon format pour répondre aux attentes de prix bas ? La part du superflu coûte cher. Elle mobilise de l'espace et des coûts. Quand elle diminue, comme c'est le cas actuellement, la tentation peut être de relever les prix sur la part des produits fondamentaux. Dans son numéro du 15 mai 2008, le magazine *LSA,* le journal spécialisé du commerce et de la distribution, évoquait une « alerte sur les ventes en hypermarché », précisant que le non-alimentaire avait baissé de plus de 6 % dans le chiffre d'affaires des hypers Casino au premier trimestre de l'année et de presque 9 % chez Carrefour. Le non-alimentaire agit en l'espèce comme une variable d'ajustement des ménages. On achète du textile ou de l'électroménager quand on croit dans l'avenir, mais on en revient aux besoins fondamentaux quand les temps sont incertains. Pour compliquée qu'elle soit, la science économique fonctionne d'abord avec le carburant de la confiance. Pour en revenir à notre préoccupation du pouvoir d'achat, retenons que certains modèles de distribution sont de nature à proposer des prix bas et que d'autres, comme les hypers, sont de nature à proposer du choix. Prix ou choix, il faut prendre un parti. La désaffection relative des Français pour les très grandes surfaces montre bien qu'ils préfèrent aujourd'hui acheter des prix. Le modèle français de distribution doit s'adapter pour échapper à la menace désormais directe des casseurs de prix allemands.

■ SOUTENIR ET FINANCER LES CHERCHEURS FRANÇAIS EN FRANCE

Face à une crise alimentaire et agricole durable, face à un capitalisme financier sans limites et à un modèle commercial insuffisamment concurrentiel, la France est mal préparée à la crise qui s'annonce. Nos voisins allemands s'en sortent mieux parce qu'ils sont dans la boucle de la mondialisation plus que nous ne le sommes. Dans *La Crise des années 30 est devant nous,* François Lenglet, rédacteur en chef de *La Tribune,* résume bien la situation : « Les Américains s'endettent pour acheter des produits chinois à bas prix fabriqués sur des machines allemandes. » La France malheureusement n'est pas dans le coup. Il lui manque d'avoir réalisé les réformes qui auraient allégé la voilure, une plus grande flexibilité et des produits à haute valeur ajoutée. Pour nous Français, les conséquences se mesureront en baisse du pouvoir d'achat. À ce stade, tous les éléments objectifs mesurables concourent pour nous prédire une période de tension. Les grands pays émergents disposent désormais d'une force de frappe financière menaçante et accaparent progressivement des secteurs de production à valeur ajoutée. Les revenus se déplacent vers ces régions. Il est urgent de renforcer la recherche française, de mobiliser des capitaux dans la recherche appliquée, de stimuler les partenariats public-privé en maintenant la recherche fondamentale dans un secteur public rénové et soumis à la contrainte des résultats. Retenons ici les leçons de Schumpeter sur la création destructrice. Au cours du dernier siècle, la création de valeur s'est adossée aux progrès des sciences et des techniques. Des entreprises ont disparu, remplacées par d'autres, plus modernes, plus performantes, plus prospères. La destruction créatrice a certes détruit des emplois, mais il s'agissait souvent d'emplois pénibles et peu rémunérés. Dans ce monde où la compétition est devenue celle des intelligences, nous avons besoin de formations de très haute qualité. Nous avons besoin de chercheurs qui soient aussi des « trouveurs ».

LE RETOUR DE LA PROXIMITÉ

L'histoire des nations nous apprend que le déséquilibre des ressources dans le monde a invariablement conduit à des conflits armés. Les attentats du 11-Septembre ont mis fin au rêve d'un monde libéral pacifié et la crise du crédit américain démontre deux choses : le capitalisme n'est pas capable de se réguler dans la durée, autrement dit il n'existe pas de capitalisme durable en l'état, et, seconde leçon, la mondialisation n'est pas inéluctable.

Elle ne l'est pas parce qu'elle génère son propre virus, c'est-à-dire le repli sur soi des plus menacés, mais aussi parce qu'elle reposait sur des coûts de transport maîtrisés. Avec un baril à 130 $, le transport aérien qui soutient les échanges et favorise le commerce bascule, selon l'expression de Jean-Cyril Spinetta, « dans une nouvelle industrie ». En période de crise grave, le repli protectionniste menace les nations qui doutent. En Europe, les votes hostiles aux différents traités traduisent la peur de l'avenir. Les Français et les Irlandais en particulier ont dit qu'ils ne percevaient aucun projet politique et économique identifié et rassurant. Les États-Unis ont signé au mois de juin des accords commerciaux avec la Chine portant sur plusieurs milliards de dollars. La TGA, la très grande alliance chère à Éric Le Boucher, se renforce. Le méga-deal « J'achète tes produits, tu finances mon déficit budgétaire » comporte un deuxième étage sous la forme d'un traité sur des investissements bilatéraux. Le protectionnisme prend ici un nouveau visage : le protectionnisme bilatéral. Entre riches en devenir et riches plus anciens, enfermons-nous dans une bulle économique pour régner ensemble et partager les richesses du globe en comité restreint. Le monde qui nous attend sera lourdement impacté par la hausse des prix. Les modèles chinois et indiens à bas coûts vont s'embourgeoiser. Ils pourraient même devenir dans un deuxième temps exportateurs d'inflation. En France, les consommateurs vont devoir s'adapter par la force des choses. Le concept de proximité va retrouver du sens, pour les ruraux mais aussi pour les urbains. La proximité s'imposera dans le secteur du commerce, mais aussi pour des produits aujourd'hui ouverts à un large public. Le voyage en avion pourrait redevenir un produit de luxe, les vacances en hôtel-club de l'autre côté du monde réservées aux plus hauts revenus.

Évolution du prix du pétrole depuis 1970

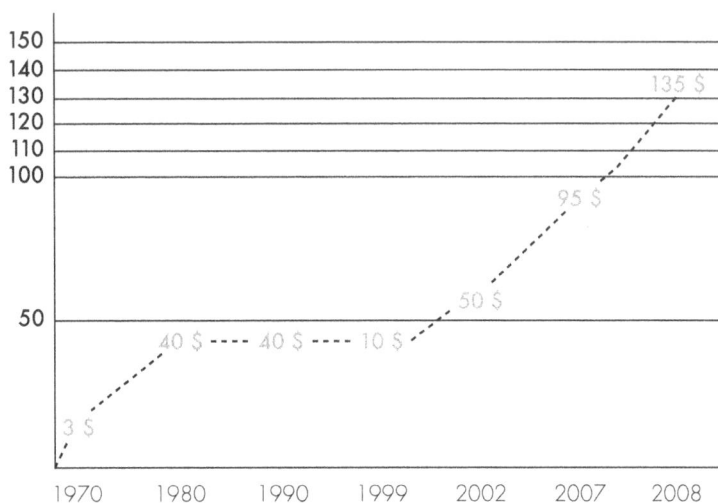

Le graphique ci-dessus reconstitue l'évolution du prix du baril de pétrole au cours des 40 dernières années. Les séquences retenues ne fournissent pas le détail de variation de prix à l'intérieur des décennies, notamment celles comprises entre 1970 et 2000, mais elles donnent une idée de la tendance. La libéralisation du transport aérien date de 1978 aux États-Unis et de l'arrêt Nouvelles Frontières de la Cour de justice des Communautés européennes en 1986. Le droit au transport pour tous, selon l'expression de Jacques Maillot, s'est construit sur l'hypothèse d'un baril de pétrole à moins de 50 $. Les compagnies ont alors multiplié les capacités et développé la segmentation tarifaire qui a ouvert le voyage en avion aux classes moyennes. Avec un baril à 130 $, et peut-être plus dans l'avenir, ce monde-là est révolu. Déjà les géants du secteur interrogent les avionneurs sur leur projet de jets moins consommateurs en carburant et réduisent leurs capacités pour remplir tous les avions et augmenter les tarifs. L'industrie du transport aérien a basculé en peu de temps. Elle symbolise à elle seule le passage d'un monde à un autre. En 2003, le carburant représentait 14 % des coûts opérationnels d'une compagnie, aujourd'hui c'est presque 35 % !

▧ LE DÉSIR ET LA SIMPLICITÉ !

Le renchérissement des biens et services de base va modifier plus ou moins durement notre mode de vie. Il n'est pas dit cependant que ces changements soient tous négatifs. La société de consommation adossée au recours massif à l'endettement a favorisé l'émergence d'une société du plaisir ou, plutôt, d'une société des plaisirs. Le retour de la rareté imposera-t-il une société du désir ? une forme plus raisonnable de consommation fondée sur la qualité et moins sur la quantité ? Pour autant qu'on puisse l'imaginer, le monde plus frugal que prépare la crise d'aujourd'hui stimulera la proximité et la simplicité. Proximité et simplicité dans les modes de production et de distribution.

Prenons deux exemples. D'abord la proximité. La société Bonduelle, spécialiste des légumes, veut réduire à 300 km la distance maximale entre les lieux de production de sa matière première et les bassins de consommation. C'est un choix d'avenir. Le choix judicieux du long terme face aux exigences du court terme. Certains légumes cultivés en Amérique du Nord sont, à leur arrivée au Havre, moins chers que ceux du Sud-Ouest français transportés par camion. Mais Christophe Bonduelle, le dirigeant de l'entreprise, a compris que la proximité est non seulement vertueuse sur le plan écologique, mais qu'elle représente aussi un choix industriel stratégique.

Deuxième idée, la simplicité. D'ores et déjà, des entreprises prospères, comme les banques, songent à inaugurer des formules low cost non seulement pour garder leurs clients, mais dans l'espoir d'en gagner de nouveaux. La banque, avec ses assemblages de services sous forme de package, aura été par excellence le service le plus inflationniste des années de crise. Les banques ont été les grandes gagnantes des dernières années, avant la crise des *subprimes*. Il suffit pour s'en convaincre de mesurer les résultats des principaux établissements français qui, même en cas de coulage grave comme ce fut le cas de la Société générale en 2008, présentent des résultats nets bancaires positifs, voire très positifs. Le retour à la simplicité consistera ici à segmenter les produits proposés et à facturer au consommateur le produit de base dont il a besoin et rien d'autre que le produit de base.

Dans le secteur de la distribution, la proximité et la simplicité vont s'imposer d'elles-mêmes. Pour rester compétitives, les enseignes développeront leurs marques propres et inciteront les grandes marques internationales à réduire leurs coûts de production. L'offre devrait privilégier les produits frais de saison et peu à peu écarter des productions agricoles importées du bout du monde pour lesquelles le coût de transport va représenter plus de la moitié du prix public. Je ne considère pas comme un progrès décisif de la mondialisation le fait de commercialiser en France des prunes cultivées et cueillies au Chili à 12 000 km de Rungis. L'économie du quotidien repose aussi sur le comportement de chacun d'entre nous. Nous devons simplement comprendre que, dans un monde fini, l'utilisation des ressources de la planète n'est pas infinie.

Annexe

▪ L'EFFET NEUROLEPTIQUE DE L'EURO

On ne peut évidemment évoquer le pouvoir d'achat des Français sans parler de l'euro. La monnaie européenne nous a sans doute sauvés d'une ou de plusieurs dévaluations. Elle garantit une certaine stabilité financière. Sur cette question de l'euro, les consommateurs sont experts. Ils savent que le passage à la monnaie unique européenne a tiré les prix vers le haut. Mais il y a un *effet tranquillisant* de l'euro. Pour vous en convaincre, j'ai dressé une liste de produits du quotidien avec le prix en euros et, dans la colonne d'à côté, leur prix en francs. Cette liste m'a fait froid dans le dos.

Prix moyen dans une agglomération française en juillet 2008

La baguette de 250 g	0,90 €	5,90 F
La baguette « spéciale »	1,15 €	7,54 F
Un café au comptoir	1,20 €	7,87 F
Un café en salle	2,50 €	16,40 F
1 kg de pêches	3,95 €	25 F
Déjeuner moyen au restaurant	16 €	104 F
1 kg de PDT nouvelles	2,20 €	14 F

Un panini	3,90 €	25,50 F
Une pizza Reine	12,50 €	82 F
1 l de diesel	1,54 €	10,10 F
Une place de cinéma	9,30 €	61 F
Abonnement TV/Internet 1 mois	29,99 €	196 F
1 kg de cerises en saison	6,90 €	45,26 F
Un taxi Paris centre-aéroport CDG	50 €	328 F
Paris-Nice Easy Jet	39 € HT	256 F
Journal *Le Monde*	1,30 €	8,50 F

Index